MON ADO EST ACCRO AUX RÉSEAUX SOCIAUX

DOCTEUR JULIETTE HAZART
MÉDECIN ADDICTOLOGUE

MON ADO EST ACCRO AUX RÉSEAUX SOCIAUX

Est-ce un problème ?
Comment réagir ?
Quelles sont les solutions ?

DBS

De Boeck Supérieur
5, allée de la Deuxième-Division-Blindée
75015 Paris

www.deboecksuperieur.com

ISBN : 978-2-8073-5959-8
Dépôt légal :
Bibliothèque nationale de France : septembre 2024
Bibliothèque royale de Belgique : 2024/13647/130

Sommaire

La *Doc Speaker*

Tout a démarré par cette simple phrase : «Plus vite, plus vite! Mais bon sang! Qu'est-ce qui t'arrive, Juliette!?»

Malgré des efforts surhumains pour avancer, je ne comprends rien à ce qui m'arrive; l'adolescente que je suis nage à la vitesse d'un escargot alors que, d'habitude, elle est rapide comme l'éclair durant ses entraînements de natation.

Puis au tour du cours de piano. Là, c'est mon annulaire gauche qui ne répond plus! Il traîne sur les touches du clavier, entraînant une fausse note après l'autre, à l'effarement de ma prof!

J'ai 14 ans et, en quelques jours, en pleine adolescence, tous les automatismes de mon cerveau disparaissent les uns après les autres. Ils deviennent pesants comme des boulets! Même les actions les plus vitales deviennent des épreuves : marcher, m'alimenter, respirer...

Le jour du diagnostic, je pose une seule question, plaçant tous mes espoirs et le reste de ma vie dans la réponse : «Est-ce que je pourrai un jour refaire du sport, danser, marcher?»

Le jeune médecin en face de moi, d'un regard implacable, scelle mon destin en trois mots : «Non, plus jamais.»

La réponse du fond de mes tripes est immédiate : «Moi aussi, quand je serai grande, je serai médecin. Et je communiquerai différemment avec mes patients!»

C'est à ce moment précis, alors que je faisais face à mon adolescence, à ma vie qui m'échappait, dans l'impossibilité de contrôler mes mouvements, que j'ai décidé de reprendre le contrôle de ma vie en me faisant cette promesse.

Reprendre le contrôle… Ce n'est certainement pas par hasard que le choix de devenir médecin addictologue est venu si naturellement à moi ! Les personnes souffrant d'addiction expérimentent elles aussi une perte de contrôle progressive sur leur consommation ou leur comportement. Accompagner quelqu'un d'autre à reprendre le contrôle de sa vie. Garder intacte la flamme de son espoir est devenue ma raison d'être !

J'ai beaucoup hésité avant de vous livrer cette étape de mon parcours de vie. Et pourtant, c'est elle qui a fait la personne que je suis aujourd'hui. Un médecin pas comme les autres. Une *Doc Speaker* qui affirme et confirme l'importance de la communication en santé dans les médias et dans les entreprises en tant que conférencière.

Alors, pourquoi aborder le sujet des réseaux sociaux dans mon premier ouvrage ?

Les réseaux sociaux sont très présents dans nos vies. Ils ont changé notre façon de communiquer, de nous divertir et de nous informer. Cependant, leur utilisation peut parfois devenir excessive, voire addictive, que ce soit chez les adolescents à la maison et à l'école, ou chez les adultes dans leur vie personnelle et professionnelle.

Je reçois de plus en plus de patients, confrontés à un problème lié à l'usage des réseaux sociaux (que les personnes touchées soient des adultes, des parents ou des adolescents).

Parent, grand-parent, arrière-grand-parent, tante, oncle, enseignant, frère, sœur ou tout simplement curieux du sujet, cet ouvrage s'adresse à vous TOUS.

Ce livre est le résultat des leçons tirées par l'adolescente, la patiente, le médecin, l'addictologue, l'enseignante, la chercheuse, la chroniqueuse et la conférencière.

Je vous donne des conseils pour susciter une prise de conscience de votre propre utilisation des réseaux sociaux et pour vous aider à aborder le sujet avec vos enfants. Des clés pour vous accompagner en famille vers un usage équilibré, conscient et responsable des réseaux sociaux. Vous trouverez au fil de ces pages de nombreux témoignages.

J'ai écrit cet ouvrage pour inviter petits et grands à se poser la question de leur relation avec les réseaux sociaux. Réfléchir à ses habitudes d'utilisation des réseaux sociaux permet de remettre en question ses jugements, ses croyances, ses valeurs, le sens de son quotidien pour aller vers un usage plus harmonieux.

Et si vous invitiez votre adolescent à révolutionner son usage des réseaux sociaux en remodelant en famille vos habitudes technologiques ?

Chapitre 1

Les bénéfices potentiels des réseaux sociaux

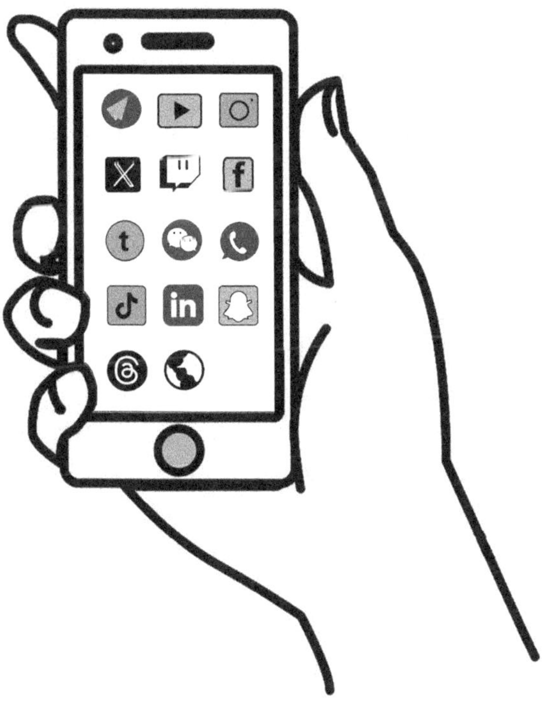

Saviez-vous que près de 90 % des jeunes Français âgés de 13 à 19 ans, sont inscrits sur des plateformes de réseaux sociaux[1] ? Parmi les jeunes âgés de 11 et 12 ans, près de 60 % ont un compte sur au moins un réseau social[2].

Les réseaux sociaux, ce sont des « services web qui permettent aux individus de construire un profil public ou semi-public, [de prendre ou garder contact avec] une liste d'autres utilisateurs avec lesquels ils partagent des relations », selon Boyd et Ellison.

À votre avis, combien de temps les jeunes consacrent-ils réellement aux réseaux sociaux ?

Les Français passent en moyenne 45 minutes par jour sur les réseaux sociaux. Mais les jeunes dépassent largement ce chiffre, car ils passent en moyenne 2 heures et 12 minutes chaque jour sur les réseaux sociaux, soit l'équivalent de trois épisodes d'une série télévisée. Chaque semaine, ils y passent l'équivalent du temps nécessaire pour couvrir la distance d'un marathon, en marchant à un rythme tranquille – pour rappel, c'est 42 km.

Et le temps passé sur les écrans (tablette, ordinateur, smartphone, télévision, consoles de jeux) ? Les jeunes de 13 à 19 ans surfent sur internet en moyenne 18 heures par semaine, jouent à des jeux vidéo pendant 9 heures 25 minutes et regardent la télévision environ 9 heures par semaine. C'est plus que le temps hebdomadaire passé en cours qui est d'environ 26 heures au collège.

---

1. Médiamétrie, *Rapport sur l'année internet 2020.*
2. *Génération numérique, les pratiques numériques des jeunes de 11 à 18 ans,* enquête 2022.

Êtes-vous surpris par ces données? Ces chiffres peuvent vous apparaître alarmants. Ils sont cependant à relativiser et à étudier au regard d'autres facteurs. Pourquoi? Parce que plus que le temps passé sur les écrans, c'est l'usage qui en est fait qui est important. Le contenu, le contexte, le type d'activités, l'usage de la technologie et les traits psychologiques de l'usager sont des facteurs à prendre en compte[3].

Comment les jeunes utilisent-ils les réseaux sociaux?

Vous serez peut-être étonné d'apprendre qu'ils naviguent en moyenne sur 3,9 plateformes (Tiktok, Insta, etc.) par jour, bien au-delà de la moyenne nationale de 2,7!

Quant à l'appareil utilisé pour y accéder, ordinateurs, téléphones portables, tablettes et télévisions donnent accès à internet, et donc aux réseaux sociaux. Selon vous, quel appareil domine le quotidien des jeunes? Oui, c'est le smartphone : un appareil multifonction qui a révolutionné leur manière de vivre et d'interagir. Mais ce que vous ignorez peut-être, c'est que le smartphone s'est progressivement imposé comme le principal, voire l'unique moyen de connexion et d'accès à internet. C'est particulièrement le cas parmi les jeunes de 15 à 24 ans qui utilisent leur smartphone pour les trois quarts de leur activité en ligne quotidienne[4].

---

3. Orben *et al.*, 2019.
4. Médiamétrie, *Rapport sur l'année internet 2020.*

Qu'en pensent les adolescents ? Les jeunes associent-ils les réseaux sociaux à des effets plutôt positifs ou négatifs ?

Lorsqu'on questionne les adolescents à propos des effets des médias sociaux sur leur vie, les réponses pourraient vous étonner. 31 % d'entre eux estiment que ces plateformes ont majoritairement des effets positifs, tandis que 24 % pensent qu'elles ont principalement des effets négatifs. Pour 45 % des répondants, les effets globaux des médias sociaux restent neutres, comme une toile de fond sans impact majeur.

Parmi les adolescents qui estiment que les réseaux entraînent majoritairement des effets positifs, 40 % considèrent qu'ils les aident à entretenir une relation suivie avec leur famille et leurs amis. Viennent ensuite la facilitation de l'accès aux informations et aux actualités (16 %), les rencontres avec les pairs partageant les mêmes intérêts (15 %), le divertissement (9 %), l'expression (7 %), le soutien de la part d'autrui (5 %) et enfin l'apprentissage de nouvelles choses (4 %)[5].

« J'utilise mon smartphone non seulement pour rester en contact avec mes amis mais aussi pour suivre les dernières tendances. » Léa, 17 ans

En ce qui concerne les émotions, la majorité des adolescents interrogés associent les réseaux sociaux à des émotions agréables. Pour 70 % d'entre eux, c'est une source d'amusement, pour 30 % de joie et de motivation, et pour 20 % de bonheur et de calme. Les adolescents sont moins nombreux à associer les

---

5. Pew Research Center (2018). *Teens, social media and technology 2018.*

réseaux sociaux à des ressentis négatifs : perte de confiance en soi (17 %), tristesse (16 %), haine (13 %) désespoir et angoisse (10 %)[6].

Qu'en pensent les parents ?

Des effets négatifs…

Une étude menée en Bretagne auprès de plus de 800 parents d'élèves de cinquième révèle une perception mitigée de l'impact du numérique sur les adolescents[7].

75 % des parents estiment que les messageries, réseaux sociaux et jeux vidéo empêchent leur enfant de s'adonner à des activités plus enrichissantes. Un tiers d'entre eux considère même que ces usages ont un effet négatif sur le comportement de leur adolescent.

… mais un outil de travail indispensable

Néanmoins, plus de 7 parents sur 10 jugent internet essentiel pour les devoirs. Ils paraissent ainsi distinguer un usage numérique « légitime » à des fins éducatives, d'un usage numérique délétère, dédié aux loisirs et aux interactions sociales, qu'ils aimeraient réguler.

---

6. Diplomeo (2020). *Sondage Les jeunes et les réseaux sociaux.*
7. La recherche Idée, opération soutenue par l'État dans le cadre du volet e-FRAN du Programme d'investissement d'avenir, opéré par la Caisse des Dépôts.

Qu'en pensent les scientifiques ?

Tout comme les adolescents et les parents, les scientifiques reconnaissent que les réseaux sociaux ont certains avantages.

Certaines études révèlent des effets surprenants des réseaux sociaux sur les adolescents. Préparez-vous à être étonné ! Selon certains chercheurs, l'absence totale d'usage d'écran aurait des effets négatifs, tout comme l'usage excessif. Un usage modéré des écrans pourrait même être associé à des bénéfices cognitifs concernant la capacité de traitement de l'information et la mémoire de travail ainsi qu'à des bénéfices prosociaux en matière de connexion sociale et de soutien. Plus que le temps d'écran, l'effet dépend surtout du type d'usage, du contenu consommé et du contexte d'utilisation.

Rejoignant l'avis des parents, les études nous disent aussi qu'il est crucial de distinguer la fonction de l'usage : usage loisir et usage travail.

C'était mieux avant? Pas si sûr

Aujourd'hui, je vous le disais, l'absence d'usage des écrans est associée, selon certaines études, à des effets négatifs. Pourquoi? Parce que l'univers numérique fait partie intégrante de notre vie et encore plus de celles des adolescents qui vivent dans un monde connecté depuis leur naissance. Les adolescents d'aujourd'hui constituent la première génération à avoir grandi entourée des réseaux sociaux.

«Les réseaux sociaux, c'est comme ma deuxième maison. Je m'y sens connecté au monde entier.» Louis, 15 ans

«Je constate que mes enfants passent beaucoup de temps sur les réseaux sociaux. Cela fait partie intégrante de leur mode de

vie et de leur manière de communiquer avec leurs amis. Cependant, je m'interroge parfois sur les éventuels effets néfastes d'une telle immersion virtuelle.» Isabelle, 45 ans

Pour une grande partie des adolescents, l'apprentissage des réseaux sociaux s'est fait par mimétisme, en observant les comportements en ligne de leurs amis ou de leur famille.

Alors, quels sont les potentiels effets positifs des réseaux sociaux? Les avantages des réseaux sociaux peuvent être classés en plusieurs catégories : communication, soutien social, et opportunités éducatives.

Communication et expression de soi

Le numérique tisse et renforce les liens sociaux des adolescents avec leurs pairs, développant ainsi leur sentiment d'identité, d'autonomie et d'indépendance vis-à-vis de la famille. Les réseaux sociaux permettent aux adolescents de rester connectés avec leurs amis et leur famille, un aspect crucial pendant l'adolescence, période pendant laquelle les relations sociales sont essentielles pour le développement émotionnel et social.

«Grâce aux réseaux sociaux, je peux parler à mes potes même quand on ne se voit pas. Ça m'aide à me sentir moins seule et à partager mes moments de joie et de tristesse avec eux.» Maria, 17 ans

Ces plateformes offrent également un espace pour l'expression de soi, où les jeunes peuvent partager leurs intérêts, leurs passions, et leur créativité.

«Je partage mes dessins et mes créations. C'est dingue de voir combien de gens aiment ce que je fais et m'encouragent à

continuer. Ça m'a vraiment aidé à avoir plus confiance en moi et à croire en mon talent.» Paul, 16 ans

«Je poste mes vidéos de danse. C'est un moyen pour moi de montrer qui je suis et ce que j'aime. Les commentaires positifs me boostent et m'encouragent à continuer.» Laura, 18 ans

Des outils de construction identitaire

L'expression de soi et l'identité personnelle sont des aspects importants du développement de l'adolescent et du jeune adulte. C'est à ces âges que l'on forme son identité personnelle, que l'on réalise la synthèse de ses intérêts, de ses valeurs, de ses capacités, que l'on explore les opportunités proposées par la société, et tout cela dans un contexte social et culturel plus large que celui de son enfance[8].

«C'est un espace où je peux exprimer mes passions et mes valeurs, et recevoir des retours de mes amis et de ma famille. Ça m'aide à mieux comprendre ce qui est important pour moi et à me sentir plus confiante dans mes choix.» Ninon, 17 ans

Quelle place pour les réseaux sociaux dans la construction identitaire de l'adolescent?

Dans cette phase de construction identitaire, les adolescents et les jeunes adultes essaient de nouvelles choses, expérimentent différentes facettes d'eux-mêmes et de leur identité. Les réseaux sociaux peuvent être un outil d'expression et d'exploration de leur personnalité.

Ils sont un moyen d'expression personnelle précis et positif, dans lequel les jeunes mettent en avant le meilleur d'eux-mêmes.

---

8. Bariaud, F. Lehalle, H. (2007). Évolution affective, sociale et cognitive à la période de l'adolescence, dans J. Lautrey (dir.). *Psychologie du développement et de l'éducation*, Puf.

Sur les réseaux sociaux, les adolescents peuvent personnaliser leurs profils et leurs contenus. Des textes, des photos, des vidéos qui leur permettent d'exprimer qui ils sont et leur façon de s'identifier à leur environnement. C'est aussi une opportunité d'exprimer leur créativité et de partager leurs passions.

Le fait de pouvoir aimer, liker ou suivre des pages, des groupes, est un moyen de construire un « catalogue identitaire » qui illustre leur identité en tant que personnes[9].

Les réseaux sociaux sont comme des miroirs numériques où les adolescents se découvrent et se redéfinissent constamment. Chaque post, chaque like, chaque commentaire devenant une brique dans la construction de leur identité.

Soutien social et émotionnel

Être connecté permet de lutter contre l'exclusion sociale. Dans le cadre d'un usage raisonné, les études ne montrent pas d'altération de la qualité des relations au sein de la cellule familiale pour les adolescents connectés âgés de 12 à 18 ans. Les contacts en ligne réguliers semblent même renforcer les relations entre parents et adolescents.

Un renforçateur des liens sociaux

Les adolescents peuvent aussi développer de nouvelles amitiés en rencontrant de nouveaux amis en ligne et entretenir leurs relations en personne grâce aux interactions en ligne. Les réseaux sociaux peuvent aider les adolescents à renforcer leurs relations dans la vie réelle, que ce soit avec leur famille ou leurs amis. En partageant des moments de leur vie, en apprenant à

9. Orehek, E. Human, L. 2017. "Self-Expression on Social Media: Do Tweets Present Accurate and Positive Portraits of Impulsivity, Self-Esteem, and Attachment Style?" *Personality and Social Psychology Bulletin* 2017, Vol. 43(1) 60–70.

mieux connaître leurs amis et en restant en contact, les jeunes peuvent utiliser les réseaux sociaux pour consolider leurs liens existants.

Selon l'enquête de Pew Internet Project, les réseaux sociaux permettent d'entretenir des liens forts. Les utilisateurs de certains réseaux sociaux ont plus confiance dans les autres, et en particulier dans leurs amis, que les non-utilisateurs. Ils ont plus d'interactions sociales dans la vie hors ligne et obtiennent un meilleur soutien moral de la part de leurs amis.

«Avec les réseaux sociaux, je reste en contact avec mes amis d'enfance même si on vit loin les uns des autres. Ça renforce notre amitié et nous permet de nous soutenir mutuellement, surtout dans les moments difficiles.» Mohamad, 18 ans

Les réseaux sociaux peuvent-ils améliorer le bien-être émotionnel?

Un usage modéré des écrans peut améliorer le bien-être émotionnel et psychosocial. Communiquer en ligne peut, chez certains adolescents, améliorer les symptômes d'une anxiété sociale en luttant contre l'isolement.

«Avant, j'avais trop de mal à parler aux autres à l'école. Mais depuis que je discute avec des gens en ligne, je me sens moins seule et plus à l'aise pour m'exprimer.» Alessia, 15 ans

Les réseaux sociaux peuvent aussi servir de support émotionnel. Les adolescents utilisent ces plateformes pour obtenir du soutien durant des périodes difficiles, ce qui peut être particulièrement bénéfique pour ceux qui se sentent isolés. Les groupes basés sur des intérêts communs ou des expériences partagées peuvent offrir un sentiment d'appartenance et de compréhension mutuelle.

« Quand je traverse des moments difficiles, je trouve du réconfort en parlant avec des personnes qui vivent les mêmes choses que moi sur des forums en ligne. Cela m'aide à me sentir moins seul et à voir que je ne suis pas le seul à avoir ces problèmes. » Léo, 13 ans

Certains jeunes utilisent les réseaux sociaux comme moyen de soutien émotionnel pour prévenir et aborder les problèmes de santé mentale. Les jeunes partagent fréquemment leurs problèmes avec des amis, des pairs et environ 70 % des adolescents déclarent avoir reçu du soutien sur les réseaux sociaux lors de périodes difficiles[10].

L'aspect communautaire des réseaux sociaux est également perçu comme positif aux yeux de nombreux jeunes. Les réseaux sociaux leur permettent de rejoindre des groupes, de participer à des pages, d'échanger avec des personnes partageant des idées ou des valeurs communes, de se connecter les uns aux autres et de développer un sentiment d'appartenance, défiant les barrières géographiques.

« J'ai rejoint un groupe pour les fans de science-fiction, et c'est incroyable de pouvoir discuter avec des gens du monde entier qui partagent la même passion que moi. Ça m'a trop donné envie de bosser mon anglais. » Alex, 17 ans

Apprendre et s'informer autrement

Les réseaux sociaux sont également une source précieuse d'information et d'éducation. Les adolescents ont accès à une variété de contenus éducatifs qui peuvent compléter leur apprentissage

10. Royal Society For Public Health (2017). *Social media and young people's mental health and wellbeing*, Report.

formel. Certaines plateformes proposent des tutoriels et des cours sur une multitude de sujets, conférant aux jeunes les moyens d'apprendre à leur propre rythme et selon leurs centres d'intérêt. De plus, les réseaux sociaux permettent aux jeunes de rester informés sur les actualités et les événements mondiaux, ce qui est essentiel pour qu'ils deviennent des citoyens informés et engagés.

«J'adore regarder des vidéos sur les réseaux sociaux pour apprendre des trucs nouveaux. J'ai appris à faire des origamis et même à coder un peu. C'est trop cool parce que je peux apprendre ce que je veux, quand je veux.» Ilios, 12 ans

«Sur Instagram, je suis des comptes qui parlent de sciences et d'histoire. Ça m'aide pour mes devoirs et en plus, c'est super intéressant. J'aime bien aussi suivre les actualités pour savoir ce qui se passe dans le monde.» Manon, 14 ans

«Les réseaux sociaux m'ont permis de suivre des cours en ligne sur des sujets qui m'intéressent vraiment, comme la photographie et le marketing digital. Ça m'a aidé à développer des compétences que je n'aurais pas apprises à l'école.» Camille, 18 ans

Dans le domaine de la santé, les réseaux constituent une opportunité d'accéder aux expériences de santé d'autres personnes et à des informations délivrées par des experts.

«Je suis des médecins qui postent des conseils de santé. C'est super pratique parce que je peux apprendre des trucs importants sans avoir à chercher trop longtemps.» Maxime, 17 ans

Les réseaux sociaux constituent une révolution dans l'interaction et le partage entre pairs. En effet, le réseautage permet à certains jeunes susceptibles de souffrir de problèmes de santé mentale, de s'informer et de comprendre les expériences de santé des autres. Cela peut leur permettre de prendre conscience de leurs propres difficultés et de constater qu'ils ne sont pas seuls à expérimenter des difficultés.

> **«Parfois, je me sens vraiment anxieux. J'ai regardé des vidéos qui m'ont aidé à comprendre ce que je ressens et à mettre des mots dessus. Ça m'a rassuré et maintenant, je me sens plus à l'aise pour en parler à ma famille.» Max, 16 ans**

Certaines études suggèrent que l'apprentissage de la santé grâce aux expériences vécues par des personnes de leur âge peut être très bénéfique pour les adolescents qui connaissent eux-mêmes des problèmes de santé. Et cela les incite à «pousser la porte du soin», à aller consulter un professionnel de santé, ainsi qu'à mieux expliquer leur propre situation ou encore à faire de meilleurs choix en matière de santé[11].

Les réseaux sociaux peuvent offrir une occasion inestimable de faire passer des messages de santé aux jeunes. Évidemment, je parle d'informations fiables, délivrées par des experts en santé certifiés. Ces messages leur parviendraient plus difficilement par des canaux plus conventionnels[12].

---

11. Ziebland, S. Wyke, S. (2012). Health and illness in a connected world: How might sharing experiences on the internet affect people's health? *Milbank Q. 90*(2): 219–249.
12. Repper, J. Carter, T. 2010. *Using person experience to support others with similar difficulties: A review of the literature on peer support in mental health services.*

Les réseaux sociaux, ça a donc parfois du bon !

C'est même en partie grâce à leur contribution positive que nous sommes tous entrés plus aisément dans l'univers du numérique il y a quelques années. Les réseaux sociaux ont facilité la réunion des familles, favorisé l'apprentissage, et permis d'échanger avec un public beaucoup plus vaste. Rappelons-nous aussi de leurs bénéfices dans le maintien du lien social pendant la pandémie de COVID-19.

> **«Pendant le confinement, j'ai pu parler avec mes grands-parents. Ça m'a fait du bien de les voir et de leur raconter mes journées.» Léo, 16 ans**

> **«Pendant la pandémie, j'ai utilisé les réseaux sociaux pour rester informée sur mon secteur d'études et pour networker avec des professionnels. Ça m'a aidée à me sentir connectée et à préparer mon avenir.» Paule, 18 ans**

De six poignées de mains à quelques clics

Et si vous invitiez Taylor Swift au prochain anniversaire de votre adolescent ? Impossible ? Hum, pourtant selon la théorie des six degrés de séparation de l'écrivain hongrois Frigyes Karinthy, cela paraît envisageable.

Selon cette théorie, nous sommes tous à six poignées de main de toute autre personne sur la planète. Cette théorie a été «confirmée» par un sociologue australien. Duncan Watts déclare dans un entretien publié en 2023 par le magazine de l'université de

Harvard que le «phénomène du *petit monde* n'est pas seulement réel, mais beaucoup plus universel que ce que quiconque pensait». Et donc, selon cette théorie, vous pourriez arriver à demander à Taylor Swift de chanter son tube *Shake it off!* au prochain anniversaire de votre enfant en passant seulement par... cinq personnes intermédiaires.

Autrefois, on disait qu'on était séparés de n'importe qui par six poignées de main. De six poignées de main à quelques clics sur les réseaux sociaux, oui, vous pouvez envisager de demander à Taylor Swift de venir chanter pour votre adolescent.

Les réseaux sociaux offrent la possibilité de créer des connexions entre des individus de tous horizons. Imaginez pouvoir contacter directement votre athlète ou votre chanteur favori. Sur les réseaux sociaux, comme dans la vie réelle, tout n'est pas entièrement noir ni entièrement blanc!

Le développement de compétences numériques

L'utilisation des réseaux sociaux aide les adolescents à développer des compétences numériques qui leur seront certainement utiles dans leur vie professionnelle. En naviguant sur ces plateformes, ils apprennent à gérer leur identité en ligne, à comprendre les normes de communication numérique, et à utiliser efficacement les outils technologiques modernes.

> **«Grâce à mes parents, j'ai appris à gérer mon profil et à faire attention à ce que je poste. Ça m'a aidée à comprendre l'importance de l'image qu'on renvoie en ligne.» Manon, 14 ans**

Ces compétences sont essentielles dans un monde de plus en plus numérisé. Les réseaux sociaux constituent une vraie transformation de notre accès au savoir, à la connaissance.

«J'ai appris à créer des vidéos et à les monter. Maintenant, je sais comment utiliser des logiciels de montage, et ça me servira sûrement plus tard.» Louis, 12 ans

Une histoire de connexions

En 1954, l'anthropologue britannique John Arundel Barnes a introduit la notion de «réseaux sociaux» pour décrire les relations entre individus ou groupes sociaux. En sciences humaines et sociales, cette notion désigne un «agencement de liens entre des individus ou des organisations, constituant un groupement qui a un sens : la famille, les collègues, un groupe d'amis, une communauté, etc.[13]».

Certes, les formes ont évolué. Aujourd'hui, des plateformes connectent virtuellement les personnes entre elles.

De nombreux parents s'inquiètent en voyant leur adolescent captivé par les réseaux sociaux – des scènes qui ne sont pas sans rappeler les photos d'enfants des années 1940 et 1950, bouche bée et absorbés par la télévision. Certes, la télévision ne nous suit pas partout et n'est pas accessible en permanence, contrairement à notre smartphone qui est toujours à portée de main. Cependant, j'ai la conviction que le véritable problème ne réside pas dans internet ou les réseaux sociaux eux-mêmes. Le problème de fond n'est pas la télévision, les jeux vidéo ou les réseaux sociaux, ou même de façon plus générale les écrans. C'est l'usage qu'on en fait, et l'usage qu'en font les jeunes qui

---

13. *Grand Dictionnaire terminologique*, Office québécois de la langue française.

sont importants. La question cruciale est : comment peut-on accompagner les enfants et les adolescents dans cet usage ?

Aujourd'hui, nous vivons dans un monde numérisé et connecté. Oui, il y a des aspects positifs aux réseaux sociaux. Tout est question d'équilibre et de l'usage que l'on en fait.

Et l'addiction aux réseaux sociaux, alors ?

Les réseaux sociaux sont un peu comme un couteau. Un couteau constitue un outil utile et nécessaire dans de nombreuses situations, comme pour cuisiner ou bricoler. Cependant, on peut utiliser ce même couteau de manière dangereuse, sans précaution, ce qui peut occasionner des accidents ou des blessures infligées à soi-même ou à autrui. On voit bien que le problème ne réside pas dans le couteau lui-même, mais dans la manière dont il est utilisé. De la même façon, dans l'addiction, ce n'est pas tant le produit ou le réseau social en soi qui est le problème, que la relation compulsive que la personne entretient avec le produit ou le réseau social.

Petite pause jeux vidéo

De nombreux parents s'inquiètent du temps que leurs enfants passent sur les jeux vidéo. Paul, père d'une fille de 12 ans, partage ces préoccupations : « Ma fille peut facilement passer 3 heures d'affilée à jouer, certains jours. Elle semble tellement passionnée que je n'ai pas le cœur à l'interrompre. Mais je crains que cela n'ait un impact négatif sur ses résultats scolaires à long terme et qu'elle soit addict. » Avant de parler d'addiction, ou plus précisément de trouble du jeu vidéo, n'oublions pas que, dans la majorité des cas, ce n'est qu'un loisir. Et dans le cas d'un usage non problématique, les nombreux effets positifs ont de quoi vous surprendre.

À l'adolescence, les jeux vidéo constituent une source d'apprentissage, de construction de l'identité et de socialisation, particulièrement adaptée à cette période spécifique de la vie. Sophie, mère de Lucas, 16 ans, raconte : «Au début, j'étais inquiète du temps que mon fils passait sur les jeux vidéo. Mais en discutant avec lui et en observant ses interactions en ligne, j'ai réalisé que ces jeux lui permettaient de développer des compétences sociales et de se faire des amis. Il apprend aussi beaucoup de choses, comme la stratégie et la résolution de problèmes.» Lucas, 16 ans, fils de Sophie, explique : «Jouer en ligne avec mes potes, c'est plus qu'un simple passe-temps. Ça m'aide à me sentir connecté et à faire partie d'une communauté. En plus, j'apprends plein de trucs, par exemple comment travailler en équipe et résoudre des problèmes rapidement.»

À tout âge, le jeu vidéo peut renforcer la valorisation et la socialisation grâce à des compétences mises en œuvre dans les jeux vidéo en ligne, comme la stratégie, la compétition et le travail d'équipe. Le jeu a aussi des bénéfices sur les fonctions cognitives, telles que l'attention visuelle et la coordination visuomotrice, cette capacité à synchroniser les informations visuelles perçues par les yeux avec les mouvements du corps, en particulier ceux des mains, pour accomplir des tâches précises et coordonnées. D'ailleurs, saviez-vous que le jeu vidéo est utilisé dans des programmes de réhabilitation, de prévention et de soins?

Revenons à la métaphore du couteau. Tout comme pour les réseaux sociaux, ça n'est pas le jeu vidéo en lui-même qui pose un problème. L'addiction aux réseaux sociaux ou le trouble du jeu vidéo est souvent un «symptôme» d'une souffrance de l'adolescent ou parfois d'un dysfonctionnement familial, d'un manque de lien. La vigilance doit être de mise lorsque le jeu ou le réseau social a comme fonction de faire face à une souffrance psychique.

Chapitre 2

Pourquoi les jeunes et les moins jeunes apprécient les réseaux sociaux ?

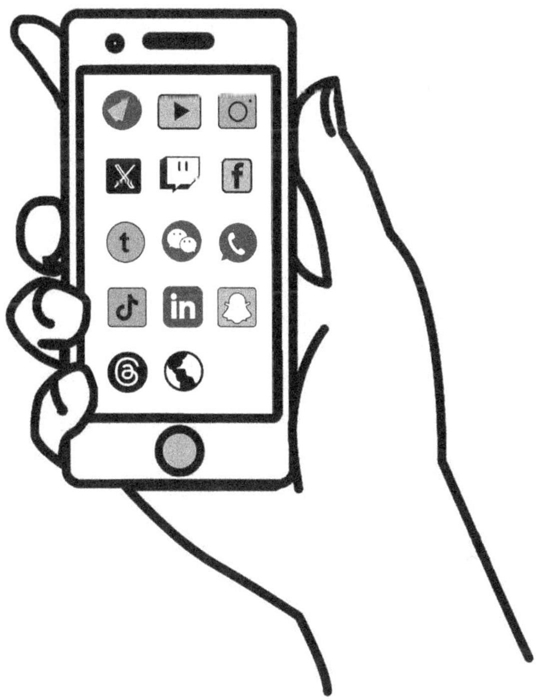

Les réseaux sociaux ont révolutionné notre manière d'interagir, d'apprendre et de réguler nos émotions, et cela a un impact profond et multidimensionnel sur les personnes de tous âges. Oui, de tous âges ! À votre avis, quelle est la tranche d'âge la plus connectée ?

Ce sont les personnes âgées de 39 à 45 ans !

Alors, pourquoi les jeunes et moins jeunes apprécient tant les réseaux sociaux ? Plusieurs raisons expliquent l'attrait des réseaux sociaux. Plongeons dans les aspects sociologiques, éducatifs, émotionnels et neuroscientifiques pour comprendre ce phénomène.

La sociabilité sur les réseaux sociaux

Interaction et présentation de Soi

Les réseaux sociaux offrent une plateforme pour la sociabilité et la construction identitaire, en particulier chez les adolescents. Ils permettent aux utilisateurs de présenter des aspects de leur identité à travers des profils personnalisés. Ces profils incluent des listes d'amis et des préférences, comme les goûts musicaux ou littéraires, contribuant ainsi à l'expression de leur personnalité.

Cette exposition, cette interaction constante facilite la création de liens sociaux, même si ces liens peuvent être de nature différente de ceux formés en face à face.

« Les réseaux sociaux me permettent de rester connecté avec mes potes, même quand on ne se voit pas. On peut discuter, se raconter nos journées et partager nos délires. Mais en même temps, ces liens virtuels ne remplacent pas les vrais moments passés ensemble. » Johann, 16 ans

Les réseaux sociaux offrent une plateforme unique permettant une gestion sophistiquée de l'identité personnelle. Les utilisateurs de certains réseaux sociaux utilisent leur profil pour sculpter une image de soi idéalisée mais plausible, ce qui leur permet de gérer leur statut social. Cette capacité de contrôler l'image de soi est particulièrement attrayante pour les adolescents et les jeunes adultes, qui sont en période de formation identitaire.

Réseaux sociaux et capital social

Certains réseaux sociaux peuvent accroître le capital social, facilitant des relations de soutien bénéfiques tant sur le plan personnel que professionnel. Les interactions régulières sur ces plateformes renforcent le sentiment d'appartenance au groupe et peuvent offrir un soutien émotionnel et pratique.

«Grâce aux réseaux sociaux, j'ai pu rejoindre un groupe de soutien pour les jeunes qui préparent le bac. On partage nos astuces, nos moments de stress, et on se soutient mutuellement. Ça m'a vraiment aidée à me sentir moins seule et à mieux gérer la pression.» Léa, 16 ans

On distingue la pratique de *social browsing*, c'est-à-dire chercher à renouer des contacts avec d'anciens amis, maintenir le lien avec notre réseau, et celle de *social searching* qui consiste à chercher de nouveaux amis.

«J'utilise souvent les réseaux sociaux pour retrouver des amis d'enfance et voir ce qu'ils deviennent. C'est génial de pouvoir rester en contact avec des gens qu'on aurait peut-être perdus de vue autrement.» Roxana, 16 ans

«Sur les réseaux sociaux, je cherche souvent de nouveaux potes qui partagent mes passions, comme le skate. Ça me permet de

rencontrer des gens super cool que je n'aurais jamais connus autrement.» Maxime, 15 ans

De nombreux réseaux sociaux offrent aussi la possibilité de *social grooming*, c'est-à-dire littéralement d'épouillage social, que confère l'envoi d'un message privé avec des commentaires, à un membre de son réseau ayant diffusé un nouveau contenu. Cet envoi est considéré par certains chercheurs comme un exemple d'«investissement relationnel» offert par le réseau social qui renforce le capital social, donc la sociabilité.

«Envoyer des messages privés à mes amis sur les réseaux sociaux, c'est super important pour moi. Ça me permet de discuter de choses personnelles sans que tout le monde soit au courant. C'est comme avoir une conversation secrète, juste entre nous.» Camille, 13 ans

«Quand je vois un post intéressant de mes amis, je préfère leur envoyer un message privé pour en parler. Ça rend la conversation plus intime et on peut vraiment échanger nos points de vue sans que tout le monde soit au courant de nos discussions.» Julien, 16 ans

Un lieu d'éducation et d'apprentissage

Des plateformes éducatives?

Les réseaux sociaux sont devenus une ressource éducative importante, offrant un accès à une multitude de contenus éducatifs.

Des études montrent que certaines plateformes ne se contentent pas de compléter l'éducation traditionnelle mais encouragent également un apprentissage autodirigé et personnalisé. Christine Greenhow et Cathy Lewin ont montré l'effet des réseaux sociaux sur l'apprentissage informel, notant que ces environnements favorisent une participation active et collaborative à l'éducation.

«Grâce à des groupes d'étude sur les réseaux sociaux, j'ai pu échanger avec des élèves du monde entier. On partage nos ressources et nos méthodes de travail, ce qui m'aide beaucoup à mieux comprendre certaines matières.» Antoine, 16 ans

L'éducation informelle

Les réseaux sociaux servent également de plateformes éducatives où les jeunes peuvent accéder à des informations scientifiques et participer à des discussions éducatives. Par exemple, certaines plateformes sont utilisées pour la vulgarisation scientifique, attirant les jeunes qui préfèrent ce mode d'apprentissage interactif et visuel. Cela montre que les réseaux sociaux pourraient jouer un rôle significatif dans l'éducation informelle.

«J'adore suivre des comptes de vulgarisation scientifique sur les réseaux sociaux. Les vidéos et les infographies rendent les concepts compliqués beaucoup plus faciles à comprendre. C'est une façon amusante et interactive d'apprendre en dehors de l'école.» Lilou, 16 ans

Les réseaux sociaux semblent encourager «l'apprentissage connecté», centré sur l'intérêt de l'individu et renforcé par des réseaux de pairs et de mentors. Cette forme d'apprentissage tire parti des intérêts personnels des jeunes, les engageant plus profondément dans le processus éducatif. Et qui dit intérêt, dit mémorisation efficace! Eh oui, l'intérêt pour un sujet joue un rôle crucial dans la mémorisation de l'information, en rendant le processus d'apprentissage plus engageant et en augmentant la probabilité que l'information soit retenue à long terme. En psychologie de l'éducation, il est bien établi que l'intérêt pour un sujet améliore significativement la mémorisation. L'intérêt peut être considéré comme un état psychologique qui affecte l'attention et la motivation, conduisant à une meilleure consolidation de la mémoire. Lorsqu'un sujet est intéressant, les étudiants sont plus susceptibles de s'engager activement, ce qui facilite des processus cognitifs plus profonds comme l'élaboration et la réflexion critique.

Expression émotionnelle et soutien

Les réseaux sociaux servent de plateformes pour l'expression émotionnelle. Les utilisateurs peuvent y partager leurs expériences personnelles et trouver du soutien ou offrir un soutien social qui peut être particulièrement précieux pour qui se sent isolé ou marginalisé dans son environnement immédiat.

Les réseaux sociaux peuvent jouer également un rôle crucial dans la régulation des émotions, offrant un espace pour le soutien émotionnel et la validation sociale.

L'utilisation des réseaux sociaux permet aux individus d'exprimer leurs émotions et leurs expériences personnelles, et cette expression recèle parfois des vertus thérapeutiques. En partageant leurs défis et réussites, les utilisateurs peuvent recevoir du soutien de la part de leur communauté en ligne. Cela peut contribuer positivement à leur bien-être mental en leur fournissant un espace pour se sentir entendus et soutenus.

> **«Je peux exprimer mes émotions à travers des photos et des stories. Les commentaires positifs et les messages de soutien de mes abonnés me donnent beaucoup de courage et de confiance.» Emma, 15 ans**

Récompense et comportement

Des recherches en neurosciences, ensemble de disciplines qui étudient le système nerveux, ont révélé que les interactions sur les réseaux sociaux activent les mêmes zones du cerveau, les mêmes circuits cérébraux que ceux associés aux récompenses sociales. L'étude menée par Dar Meshi, Carmen Morawetz et Hauke Heekeren en 2013 a exploré ces mécanismes neurobiologiques. Les chercheurs ont essayé de répondre à cette question qui les intriguait. Comment le fait de recevoir des likes et des commentaires encourage-t-il une utilisation répétée et compulsive des plateformes ? En d'autres termes, comment les interactions sur les réseaux sociaux activent-elles les circuits de récompense dans le cerveau, activés d'ordinaire par d'autres expériences gratifiantes comme manger des aliments savoureux ou gagner de l'argent ?

Les chercheurs ont utilisé l'imagerie par résonance magnétique fonctionnelle (IMRf), une technique d'imagerie cérébrale qui mesure en temps réel l'activité cérébrale. Comment ? En détectant les changements locaux de flux sanguin, cette technique permet de localiser les zones du cerveau activées par la réalisation d'une tâche. Dans cette étude, l'IRMf a permis d'observer l'activité cérébrale des participants quand ils étaient exposés à des scénarios impliquant des réseaux sociaux. Les chercheurs ont montré aux participants des images de leurs propres profils de réseaux sociaux avec beaucoup de likes, comparativement à des images avec peu de likes.

Vous êtes-vous déjà demandé comment votre cerveau réagit aux likes ? Voici la réponse. Quand les participants ont regardé des images de leurs profils de réseaux sociaux ayant suscité beaucoup de likes, le noyau accumbens s'est activé significativement. Or, on sait que cette région du cerveau est cruciale pour le traitement des récompenses et est fortement impliquée dans les sensations de plaisir et la motivation.

L'activation de cette région par les likes et les commentaires suggère que ces formes de validation sociale sont perçues par le cerveau comme des récompenses, ce qui peut renforcer le comportement de participation sur les réseaux sociaux.

Comment les résultats de cette étude se traduisent-ils au quotidien ?

L'activation des circuits de récompense par des interactions apparemment banales sur les réseaux sociaux explique pourquoi certains enfants, adolescents, adultes peuvent développer des usages excessifs ou addictifs de ces plateformes. Cette étude montre également pourquoi il peut être difficile pour certains utilisateurs de réduire leur temps passé sur les réseaux sociaux, car les interactions qu'ils y vivent peuvent être intrinsèquement gratifiantes à un niveau neurobiologique.

Nous explorerons plus en détail ces mécanismes au chapitre 4 : « Les bases scientifiques des addictions ».

Chapitre 3

Il existe autant d'usages que d'usagers

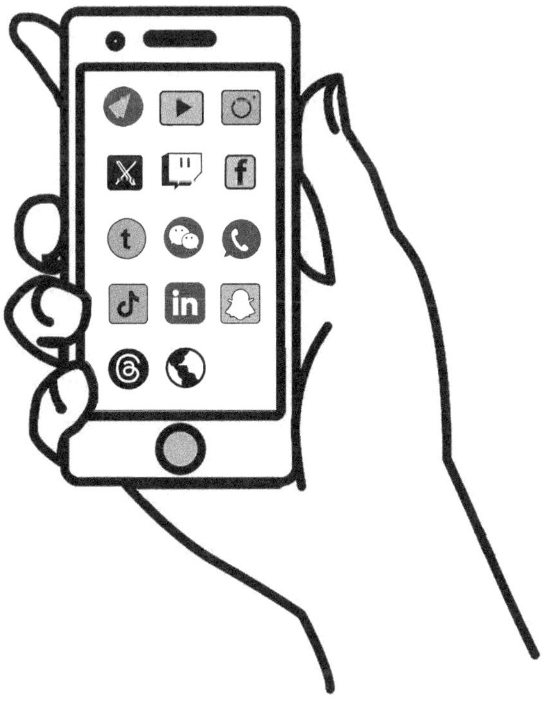

Avant 2010, les médias sociaux étaient principalement perçus comme des plateformes facilitant la connexion entre personnes partageant des centres d'intérêt communs. Depuis une dizaine d'années, ils sont davantage considérés comme des outils permettant le partage de contenus créés par les utilisateurs, tels que des événements marquants de leur vie ou des publications, de photos, de vidéos[1], etc.

Qu'en disent les jeunes ? Le top 3 des usages sur les réseaux sociaux pour les jeunes est la discussion avec des amis (78 %), le visionnage de vidéos (58 %), et le jeu vidéo (29 %), devant les échanges concernant les cours et les devoirs[2].

Aujourd'hui, 85 % des jeunes disent se connecter sur les réseaux sociaux pour échanger avec leurs amis, 74 % pour « passer le temps », 73 % pour se tenir au courant de l'actualité, et 58 % pour se détendre[3].

> **« J'utilise les réseaux sociaux tous les jours pour discuter avec mes amis. C'est notre moyen principal de communication, surtout pour se raconter des moments de notre journée. » Cristiano, 16 ans**

> **« Quand j'ai du temps libre, je vais souvent sur les réseaux sociaux pour regarder des vidéos. Ça me divertit et me fait passer le temps sans que je m'en rende compte. » Adriano, 17 ans**

> **« Les réseaux sociaux, c'est ma source principale d'actualité. Je suis des comptes qui publient des infos sur la mode, la musique et même des nouvelles du monde. C'est rapide et facile à suivre. » Amaya, 15 ans**

---

1. Robert, N., Godart, N. (2023). Social media and teenagers' mental health. *La Revue du Praticien Médecine Générale, 73*(3), 257-266. hal-04484299

2. *Génération numérique, les pratiques numériques des jeunes de 11 à 18 ans*, enquête 2022.

3. Diplomeo (2020). *Sondage Les jeunes et les réseaux sociaux.*

Quels sont les réseaux sociaux préférés des 11 à 14 ans et des 15 à 18 ans ? Pour les 11 à 14 ans, c'est Snapchat qui remporte la palme, suivi de YouTube et de Tiktok en troisième. Et chez les 15 à 18 ans ? Instagram arrive en premier, suivi de YouTube et en troisième Snapchat. Il semble que TikTok ait connu une progression notable depuis 2022, ce qui pourrait changer la donne. Affaire à suivre[4].

Les principales plateformes de réseaux sociaux

Facebook (créé en 2004)

Partage de contenu : Facebook permet de publier et partager des textes, des images, des photos, des vidéos, des documents, des fichiers et des liens. Les utilisateurs peuvent également publier des histoires (*stories*) et des vidéos en direct. Les utilisateurs peuvent échanger des messages en privé.

Groupes et événements : Les utilisateurs peuvent créer et rejoindre des groupes et des événements pour interagir avec des communautés partageant les mêmes intérêts.

Publicité ciblée : Facebook offre une plateforme publicitaire sophistiquée permettant de cibler les utilisateurs en fonction de leur âge, de leurs intérêts, de leur comportement et de leur localisation.

Facebook Marketplace : Cette fonctionnalité permet aux utilisateurs d'acheter et de vendre des produits directement sur la plateforme.

4. *Génération numérique, les pratiques numériques des jeunes de 11 à 18 ans*, enquête 2022.

Facebook Live : Permet de diffuser des vidéos en direct à ses amis ou au public.

YouTube (créé en 2005)

Hébergement de vidéos : YouTube permet aux utilisateurs de mettre en ligne, visionner, commenter, évaluer et partager des vidéos. C'est possible en *streaming* (en direct). Les vidéos peuvent être publiques, privées ou non répertoriées.

Monétisation : Les créateurs peuvent monétiser leurs vidéos via des publicités, des abonnements payants et des *super chats* lors des diffusions en direct.

Recommandations : L'algorithme de YouTube recommande des vidéos fondées sur les intérêts et l'historique de visionnage des utilisateurs.

YouTube Shorts : Cette fonctionnalité permet de créer et partager des vidéos courtes, similaires à celles que l'on trouve sur TikTok.

YouTube Live : cette fonctionnalité permet de diffuser des vidéos en direct et d'interagir avec les spectateurs en temps réel.

Twitter, devenu X (créé en 2006)

Microblogging : Twitter permet de publier des messages courts ou micro-messages appelés tweets (ce qui signifie « gazouillis » en français).

Hashtags et tendances : Les utilisateurs peuvent utiliser des hashtags pour catégoriser leurs tweets et suivre les tendances actuelles.

Retweets et likes : Les utilisateurs peuvent partager (retweeter) et aimer les tweets d'autres utilisateurs.

Listes et moments : Les utilisateurs peuvent créer des listes pour organiser les comptes qu'ils suivent et des moments pour regrouper des tweets sur un sujet spécifique.

Twitter Spaces : Cette fonctionnalité permet de créer des discussions audio en direct.

Tumblr (créé en 2007)

Tumblr se situe à mi-chemin entre une plateforme de blogs et un réseau social, offrant des fonctionnalités de microblogging qui le distinguent d'autres réseaux sociaux.

Microblogging multimédia : Tumblr permet de publier divers types de contenu, y compris du texte, des images, des vidéos, des liens, des citations, des fichiers audio et des GIFs (petites animations consistant en des séries d'images ou de vidéos sans son, qui se répètent en boucle continue sans nécessiter d'action de la part de l'utilisateur). Les utilisateurs peuvent ainsi créer des blogs riches et variés.

Tags et découverte de contenu : Les utilisateurs peuvent utiliser des tags pour catégoriser leurs publications, facilitant ainsi la découverte de contenu similaire par d'autres utilisateurs. Les tags permettent également de suivre des sujets spécifiques.

Reblog et likes : Les utilisateurs peuvent rebloguer (partager) les publications d'autres utilisateurs sur leur propre blog, à la façon du retweet sur Twitter. Ils peuvent également aimer les publications, ce qui les enregistre dans leur liste de likes.

Personnalisation et thèmes : Tumblr offre une grande flexibilité de personnalisation avec une vaste galerie de thèmes gratuits et payants. Les utilisateurs peuvent modifier le HTML (langage pour structurer le contenu des pages web) et le CSS (langage pour styliser et mettre en forme les pages web) de leur blog pour un design unique et peuvent même utiliser un nom de domaine personnalisé.

Communauté et interaction : Les utilisateurs peuvent suivre d'autres blogs et être suivis en retour, avec les nouvelles publications apparaissant dans leur tableau de bord principal. Tumblr favorise également les interactions communautaires à travers des fonctionnalités comme les messages privés, les questions anonymes, et les discussions de groupe.

Programmation des publications : Les utilisateurs peuvent programmer leurs publications pour qu'elles apparaissent à une date et une heure spécifiques, les ajouter à une file d'attente pour une publication automatique, ou les enregistrer en tant que brouillons.

Intégration avec d'autres réseaux sociaux : Tumblr autorise une intégration facile avec Facebook et Twitter, permettant aux utilisateurs de partager automatiquement leurs publications Tumblr sur ces plateformes.

Instagram (créé en 2010)

Partage de contenus : Instagram permet de partager des photos, des images et des vidéos courtes, avec des options d'édition et des filtres.

Stories : Les utilisateurs peuvent publier des photos et de courtes vidéos qui disparaissent après 24 heures.

Reels : Cette fonctionnalité permet de créer et partager des vidéos courtes, comparables à ce qu'on trouve sur TikTok.

IGTV : cette fonctionnalité permet de télécharger des vidéos plus longues, jusqu'à une heure pour les utilisateurs vérifiés.

Shopping : Les utilisateurs peuvent acheter des produits directement via des publications et des stories.

Snapchat (créé en 2011)

Snaps : Photos ou vidéos courtes éphémères que les utilisateurs peuvent envoyer à leurs amis ou ajouter à leur story.

Stories : Compilation de snaps visibles pendant 24 heures.

***Lenses* et filtres :** Filtres interactifs et en réalité augmentée pour embellir les snaps.

Snap Map : Permet de partager sa localisation avec ses amis et de voir où ils se trouvent.

Discover : Section où les utilisateurs peuvent trouver du contenu de marques, créateurs et éditeurs.

Les messages sont automatiquement effacés et ne peuvent plus être consultés ultérieurement.

TikTok (créé en 2016)

Vidéos courtes : TikTok permet de créer et partager des vidéos courtes de quelques secondes avec des effets spéciaux, de la musique et des filtres.

For You Page (FYP) : C'est une page de recommandations personnalisées basée sur les interactions de l'utilisateur.

Duets et Stitch : Ces fonctionnalités permettent de collaborer avec d'autres utilisateurs en ajoutant leur vidéo à la vôtre.

Live Streaming : Cette fonctionnalité permet de diffuser des vidéos en direct et d'interagir avec les spectateurs en temps réel.

Challenges : Les utilisateurs peuvent participer à des défis viraux en utilisant des hashtags spécifiques.

Threads (créé en 2023)

Application de médias sociaux lancée par Meta (anciennement connue sous le nom de Facebook), Threads offre une plateforme de microblogging pour le partage de textes, de discussions, d'idées et de créations de communautés en ligne.

Connexion avec Instagram : Les utilisateurs peuvent se connecter à Threads en utilisant leur compte Instagram, ce qui permet de suivre automatiquement les mêmes personnes et d'importer leur bio. Certaines fonctionnalités, comme les utilisateurs bloqués et les likes masqués, sont également transférées sur Threads.

Partage de contenu : Les utilisateurs peuvent partager des pensées sous forme de fils de discussion, auxquels d'autres utilisateurs peuvent répondre avec des images, des vidéos ou du texte. Les réponses peuvent être limitées aux followers, aux profils suivis ou aux personnes mentionnées uniquement.

Paramètres de confidentialité : Les utilisateurs peuvent choisir entre un profil public ou privé, et ajuster divers paramètres de confidentialité (par exemple les personnes autorisées à les mentionner ou quels mots masquer).

LinkedIn (créé en 2002)

Réseautage professionnel ou networking : LinkedIn permet de créer et développer un réseau professionnel en se connectant avec des collègues, recruteurs, et autres professionnels. Les utilisateurs peuvent rechercher des partenaires, des fournisseurs, de nouveaux clients et créer une page de profil affichant leurs aptitudes et compétences.

Offres d'emploi : Les utilisateurs peuvent rechercher et postuler à des offres d'emploi.

Publications et articles : Les utilisateurs peuvent partager des mises à jour professionnelles et publier des articles longs.

LinkedIn Learning : Accès à des cours en ligne pour développer des compétences professionnelles.

Pages d'entreprise : Les entreprises peuvent créer des pages pour partager des mises à jour et interagir avec leurs employés et leurs clients.

WhatsApp (créé en 2009)

Messagerie instantanée : Permet d'envoyer des messages texte, audio et vidéo.

Appels vocaux et vidéo : Les utilisateurs peuvent passer des appels vocaux et vidéo gratuits.

Groupes : Permet de créer des groupes de discussion avec plusieurs participants.

Statuts : Les utilisateurs peuvent partager des mises à jour de statut qui disparaissent après 24 heures.

WhatsApp Web : Permet d'utiliser WhatsApp sur un ordinateur via un navigateur web.

WeChat (créé en 2011)

Messagerie : Envoi de messages texte, audio et vidéo.

Moments : Partage de photos et vidéos avec ses contacts.

WeChat Pay : Permet de réaliser des paiements mobiles et des transferts d'argent.

Mini-programmes : Applications intégrées à WeChat pour divers services comme le shopping et les jeux.

Appels vocaux et vidéo : Permet de passer des appels vocaux et vidéo gratuits.

Telegram (créé en 2013)

Messagerie sécurisée : Envoi de messages texte, audio et vidéo.

Groupes et canaux : Permet de créer des groupes de discussion et des canaux pour diffuser des messages à un large public.

Bots : Intégration de robots pour automatiser des tâches et fournir des services.

Messages autodestructeurs : Il est possible d'activer les messages éphémères qui disparaissent après un certain temps.

Stockage dans le cloud : Permet de stocker des fichiers et des messages dans le cloud (réseau de serveurs distants accessibles via internet).

Twitch (créé en 2011)

Streaming en direct : Cette fonctionnalité permet de diffuser des vidéos en direct, principalement des jeux vidéo mais aussi des talk-shows, de la musique, des événements sportifs, etc.

Chat en direct : Les spectateurs peuvent interagir avec les streamers via un chat en direct.

Abonnements : Les spectateurs peuvent s'abonner aux chaînes pour soutenir les streamers et obtenir des avantages exclusifs.

Clips : cette fonctionnalité permet de créer et partager des extraits vidéo des streams.

Extensions : Intégration d'extensions interactives pour améliorer l'expérience de visionnage.

Skype (créé en 2003)

Appels vocaux et vidéo : Skype permet de passer des appels vocaux et vidéo gratuits.

- **Messagerie instantanée :** Envoi de messages texte, audio et vidéo.
- **Partage d'écran :** Permet de partager son écran lors des appels.
- **Appels de groupe :** Permet de passer des appels vocaux et vidéo en groupe.
- **Skype for Business :** Version professionnelle avec des fonctionnalités supplémentaires pour les entreprises.

Les différents types d'usagers

Il y autant de profils d'usage de réseaux sociaux que de personnes qui les utilisent !

Sans coller des étiquettes inamovibles, il est cependant possible de catégoriser les types d'usagers selon divers critères tels que leurs motivations, leurs comportements, les plateformes qu'ils privilégient ou encore selon leurs préoccupations. Ces différentes catégories reflètent la diversité et la complexité des usages des réseaux sociaux.

Usagers selon les motivations

Les apprenants

Certains utilisent les réseaux sociaux principalement pour s'informer sur divers sujets, allant de l'actualité à la science. Par exemple, si votre adolescent souhaite devenir chercheur, les réseaux sociaux feront sans doute partie intégrante de son profil universitaire[5].

---

5. Cavalié, É. *et al.* (éd.) (2017). *Expérimenter les humanités numériques.* Presses de l'Université de Montréal. https://doi.org/10.4000/books.

«Je suis passionné par la biologie et je suis plusieurs chercheurs sur les réseaux sociaux. Ils partagent des articles intéressants et des discussions sur les dernières découvertes. Ça m'inspire beaucoup pour mes propres projets scientifiques.» Mathieu, 17 ans

Les connecteurs sociaux

Ils cherchent à maintenir et à renforcer leurs relations existantes ou à en créer de nouvelles.

«J'utilise les réseaux sociaux pour rester en contact avec mes amis du collège et pour suivre ce qu'ils deviennent. C'est super de pouvoir garder ces liens même si on ne se voit plus tous les jours.» Chiara, 16 ans

«Je découvre des gens qui partagent mes passions, comme la photographie. Ça m'a permis de rencontrer des amis incroyables que je n'aurais jamais connus autrement.» Emma, 15 ans

Les créateurs de contenu

Ce sont les producteurs actifs de contenus originaux, comme des vidéos, des articles de blog ou encore des posts sur les réseaux sociaux.

«J'écris des articles de blog sur les jeux vidéo. C'est une façon pour moi de partager ma passion et de me connecter à d'autres gamers qui aiment les mêmes jeux que moi.» Thomas, 16 ans

Les promoteurs personnels ou professionnels

Ce sont les usagers qui utilisent les réseaux sociaux pour promouvoir leurs compétences et, plus tard, leur travail ou leur entreprise.

«J'utilise les réseaux sociaux pour partager mes projets scolaires et mes stages. Ça m'a permis de me faire remarquer par des recruteurs et de décrocher un stage dans une entreprise que j'admire.» Sophie, 18 ans

Usagers selon les comportements

Les actifs

Ils participent régulièrement en publiant du contenu, en commentant, et en interagissant avec d'autres usagers.

«Je poste des photos et des stories presque tous les jours. J'aime aussi commenter les publications de mes amis et répondre à leurs messages. Ça me permet de rester connecté et de faire partie de la communauté.» Esteban, 17 ans

Les passifs

D'autres usagers sont plutôt passifs. Ils consultent, «consomment» du contenu sans nécessairement interagir avec celui-ci ou en produire.

«Je passe beaucoup de temps à regarder les stories et les posts de mes amis, mais je ne commente presque jamais. J'aime juste voir ce que les autres font.» Julienne, 16 ans

Les modérateurs

Il y a aussi ceux qui participent à la gestion des communautés en ligne, les modérateurs. Ils modèrent les discussions et veillent au respect des règles.

«En tant que modératrice sur un forum de discussion, je passe beaucoup de temps à lire les messages des membres pour m'assurer qu'ils respectent les règles. C'est un travail

important pour garder la communauté accueillante et respectueuse.» Alice, 18 ans

«Mon rôle de modérateur sur un groupe consiste à supprimer les commentaires inappropriés et à résoudre les conflits entre les membres. C'est parfois difficile, mais c'est essentiel pour maintenir une bonne ambiance.» Ian, 20 ans

Usagers selon les plateformes

Certaines tendances se dessinent selon les réseaux sociaux.

Par exemple, les utilisateurs de Facebook ont tendance à être plus âgés et à utiliser la plateforme pour rester en contact avec leur famille et leurs amis.

Les utilisateurs d'Instagram, de Snapchat et de Tiktok, sont plus jeunes et privilégient le partage visuel et les interactions rapides. Les utilisateurs de Twitter sont plutôt des chercheurs d'information, des individus cherchant à participer à des discussions publiques. Sur Tumblr, environ la moitié des usagers a moins de 25 ans. Tumblr est souvent utilisé comme plateforme d'expression artistique et de partage de contenu visuel.

Sur LinkedIn, les professionnels cherchent à établir des connexions dans leur domaine, à partager des connaissances professionnelles, et à explorer des opportunités de carrière.

Usagers selon les préoccupations

La vie privée

Certains usagers sont particulièrement attentifs à la gestion de leurs données personnelles et à leur empreinte numérique.

«Je fais très attention à ce que je partage sur les réseaux sociaux. J'ai réglé tous mes comptes en mode privé et je n'accepte que

les demandes d'amis de personnes que je connais vraiment.» Léanna, 16 ans

«Avant de poster quoi que ce soit, je réfléchis toujours aux conséquences. Je sais que tout ce que je mets en ligne peut rester là pour toujours, alors je préfère être prudent.» Antoine, 17 ans

L'apprentissage

D'autres usagers utilisent les réseaux sociaux pour l'éducation, à travers des groupes dédiés, des pages éducatives, ou des plateformes comme YouTube et LinkedIn Learning.

Vous retrouvez-vous dans l'une ou plusieurs de ces catégories? Et votre adolescent? Vous l'aurez compris, ces catégories ne sont pas mutuellement exclusives et un usager peut appartenir à plusieurs d'entre elles simultanément. De plus, ces profils évoluent en permanence, reflétant les changements dans les comportements des usagers et l'émergence de nouvelles plateformes et technologies.

Usage intensif, usage problématique : combien d'adolescents sont concernés ?

L'usage intensif

L'enquête ENCLASS sur la santé des collégiens s'est intéressée à la question. Dans cette étude, l'intensité des communications en ligne est mesurée par la fréquence des contacts en ligne avec les amis proches, les copains, les amis rencontrés sur internet, les parents, les frères et sœurs, les camarades de classe et les professeurs. L'utilisation intensive est définie par des communications en ligne «presque toute la journée» avec au moins un type de contact que je viens de citer.

Un tiers des adolescents communique en ligne avec leurs amis ou d'autres personnes quasiment toute la journée, l'utilisation intensive augmentant avec l'âge. L'usage intensif passe de 27 % à l'âge de 11 ans à 41 % à 15 ans. Les filles sont plus enclines que les garçons à communiquer régulièrement en ligne avec leurs amis et d'autres personnes. À 15 ans, 50 % des filles et 40 % des garçons utilisent intensivement les technologies numériques[6].

«Je suis constamment en train de parler avec mes amis sur les réseaux sociaux. Même quand je suis à l'école, on s'envoie des messages pendant les pauses. C'est comme si on ne se quittait jamais vraiment.» Lenka, 16 ans

L'usage problématique

Les filles sont plus susceptibles de développer un usage problématique des réseaux sociaux. À 15 ans, cela concernerait 5 % des garçons et 11 % des filles. Dans cette enquête, l'usage problématique prend en compte les conséquences négatives de l'usage des réseaux sociaux.

«J'ai remarqué que je passe beaucoup trop de temps sur les réseaux sociaux, et ça commence à affecter mes notes et mon sommeil. Parfois, je me sens vraiment mal quand je vois les photos parfaites des autres.» Marie, 15 ans

«Même si je joue beaucoup aux jeux vidéo, je vois que mes amies sont souvent plus accros aux réseaux sociaux. Elles parlent tout le temps de likes et de followers, et ça les stresse beaucoup.» Lucas, 15 ans

---

6. HBSC 2018, La santé des collégiens en France. Données de l'enquête ENCLASS.

Qu'en disent les adolescents interrogés ?

Deux jeunes sur dix se disent prêts à se priver indéfiniment des réseaux sociaux.

> **«J'ai décidé que je pouvais me passer des réseaux sociaux. Ils prennent trop de place dans ma vie et je veux retrouver du temps pour des activités plus enrichissantes. Je suis prêt à faire ce changement.» Antoine, 17 ans**

Pour 30 % d'entre eux, quitter les réseaux sociaux est possible, mais seulement sur une période donnée : un mois, une semaine, un jour…

> **«Je me sens capable de me déconnecter des réseaux sociaux pendant plusieurs semaines. Je pense que ce sera une bonne occasion de me concentrer sur mes études et de passer plus de temps avec ma famille et mes amis en personne. Je ne pense pas pouvoir tenir plus d'un mois.» Aylan, 15 ans**

Ils sont 44 % à penser qu'ils ne pourraient absolument pas se passer des réseaux sociaux[7].

> **«Je ne peux pas imaginer ma vie sans les réseaux sociaux. C'est là que je parle avec mes amis, que je découvre les dernières tendances et que je m'informe sur ce qui se passe dans le monde.» Zya, 17 ans**

> **«Les réseaux sociaux sont essentiels pour moi. Ils me permettent de rester connecté avec mes amis et de suivre mes influenceurs préférés. Sans eux, je me sentirais complètement déconnecté.» Anthony, 14 ans**

Comment peut-on expliquer qu'il soit si difficile de se passer des réseaux sociaux? Je vous en dis plus dans le chapitre suivant.

---

7. Diplomeo (2020). *Sondage Les jeunes et les réseaux sociaux.*

Chapitre 4

Les bases scientifiques des addictions

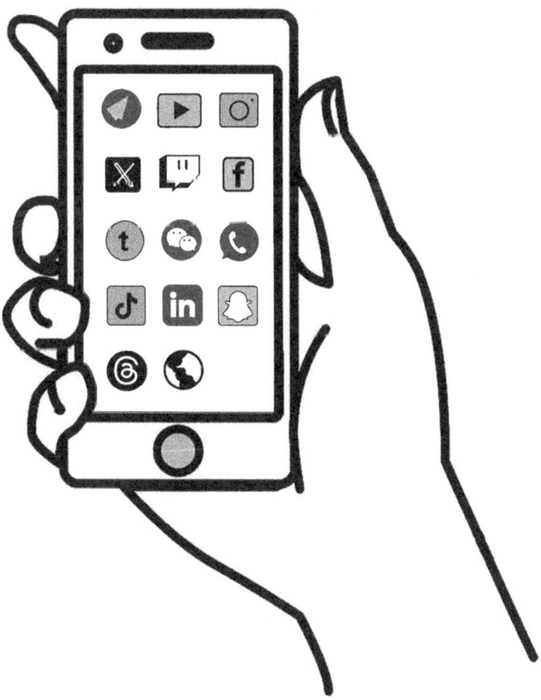

L'addiction, ce n'est pas un manque de volonté

L'addiction, ça n'est pas la conséquence d'un manque de volonté mais une maladie chronique du cerveau. Contrairement aux idées reçues, l'addiction ne reflète pas un manque de volonté et encore moins une faiblesse.

L'addiction est une maladie neuropsychiatrique. La dépendance résulte d'un déséquilibre neurobiologique dû à certains comportements répétés ou à une consommation régulière de substances psychoactives. Les substances psychoactives sont des substances qui, en agissant sur le cerveau, peuvent modifier les états de conscience, les humeurs, les sentiments, les sensations et les comportements. Elles peuvent provoquer par exemple une sensation de détente, d'euphorie, de désinhibition, voire des hallucinations. S'il y avait un seul signe à retenir dans l'addiction, un signe clé ? C'est la perte de contrôle comportemental :

- La consommation ou le comportement est poursuivi malgré la conscience des dangers et des conséquences négatives sur sa santé, ses relations au sein de la cellule familiale, au travail ou à l'école.
- Malgré le désir d'arrêter ou de réduire sa consommation ou son comportement, de reprendre le contrôle, la personne souffrant d'une addiction n'y parvient pas.

Une perte de contrôle

Tout se passe dans le cerveau. La perte de contrôle s'explique en partie par un dysfonctionnement du cortex préfrontal, partie antérieure du cortex du lobe frontal du cerveau, située à l'avant du cerveau, juste derrière le front. Dans le cerveau d'une personne souffrant d'une addiction, le désir rationnel et le jugement n'influent plus de façon adaptée sur les choix et la prise de décision. Ceci explique la difficulté à changer de comportement et à faire des choix éclairés et bénéfiques pour soi.

« Au début, j'allais sur les réseaux sociaux juste pour m'amuser et discuter avec mes potes. Mais très vite, ça a pris une place énorme dans ma vie. Je passais des heures et des heures à scroller sur les réseaux, à vérifier les likes et les commentaires en permanence.

C'était devenu une véritable obsession, un besoin constant d'être connecté. Même quand j'étais avec ma famille ou que j'avais des devoirs à faire, je n'arrivais pas à décrocher. Je savais que ça devenait problématique, que ça nuisait à mes relations et à mes résultats scolaires, mais j'étais incapable de m'arrêter.

J'avais beau me dire que je devais réduire, je replongeais sans cesse. C'était plus fort que moi, j'avais perdu le contrôle. Ça me rendait irritable et stressé quand je n'avais pas mon téléphone sous la main. Au fond, je me dégoûtais de ce comportement mais j'étais comme accro, prisonnier de cette dépendance. »
Lukas, 24 ans

Petite pause définition

Le terme scroller est un verbe d'origine anglaise qui signifie « faire défiler » ou « dérouler » le contenu affiché sur l'écran d'un dispositif électronique, comme un ordinateur, un téléphone portable ou une tablette. Cette action peut être réalisée à l'aide de la molette d'une souris, d'un pavé tactile, ou par glissement du doigt sur un écran tactile. Le mot *scroll* a des racines anciennes, remontant à l'anglo-normand *escrowe* et à l'ancien français *escroe*, qui désignaient un rouleau de parchemin ou un registre.

L'addiction est une maladie chronique du cerveau

L'addiction étant une maladie chronique, elle doit donc être considérée et traitée comme telle. Qui dit maladie chronique, dit risque de «rechute» comme dans toute maladie chronique : diabète, asthme, hypertension artérielle, etc.

Entendons-nous d'abord sur le terme rechute.

Régulièrement, mes patients arrivent en consultation en me disant : «Docteur, j'ai rechuté», comme Jean-Michel qui souffre d'une addiction à l'alcool, et a consommé quotidiennement 2 litres de whisky et 1 bouteille de vin rouge pendant 5 ans. Jean-Michel a arrêté depuis 3 mois et bénéficie d'un accompagnement pluridisciplinaire, sur les plans médical, social et psychologique. Ce jour-là, il me dit «Docteur, j'ai rechuté», puis précise : «Mardi dernier, c'était l'anniversaire du décès de mon fils. J'ai consommé un demi-litre de whisky ce jour-là puis j'ai stoppé dès le lendemain.» Selon vous, s'agit-il d'une rechute?

Un autre exemple : Laurent souffre d'une dépendance aux écrans et plus spécifiquement aux réseaux sociaux depuis 3 ans. Il passe en moyenne 8 heures par jour sur ces plateformes. Cela a un retentissement néfaste sur sa vie familiale et professionnelle. Depuis 6 mois, il a atteint son objectif : s'accorder 1 heure par jour maximum sur les réseaux sociaux et s'en passer totalement un jour par semaine. Lors de notre consultation, Laurent me dit : «Docteur, j'ai rechuté.» Il précise : «Pendant ma semaine de vacances, je suis allé sur les réseaux sociaux 3 heures par jour au lieu d'une heure comme d'habitude.» D'après vous, Laurent a-t-il vraiment rechuté?

Un dernier exemple : Sophie souffre d'une addiction au cannabis depuis 10 ans et fumait en moyenne 10 joints par jour. Sophie a stoppé sa consommation depuis 6 mois. Lors de notre dernière consultation, elle me dit : «Docteur, j'ai rechuté.» Elle précise : «Je reconsomme du cannabis depuis 1 mois, comme avant, environ une dizaine de joints par jour.» Là encore, s'agit-il d'une rechute?

En vérité, Jean-Michel et Laurent n'ont pas rechuté. On peut dire qu'ils ont connu ce qu'on appelle un «dérapage». Jean-Michel a reconsommé de l'alcool sur une période définie, pendant une journée, mais n'a pas repris une consommation quotidienne. Il s'abstient à nouveau complètement de boire. Il en est de même pour Laurent qui a augmenté son temps de présence sur les réseaux sociaux pendant une semaine durant ses vacances avant de retrouver son objectif d'une heure de réseaux sociaux par jour. Ces deux personnes ont vécu un «dérapage» qui n'a pas entraîné de rechute. Alors, la rechute, c'est quoi? C'est ce qu'a vécu Sophie. Elle a repris ses consommations de cannabis comme avant l'arrêt. Elle a perdu le contrôle.

Il est important de ne pas confondre dérapage et rechute. Chaque expérience, qu'elle soit étiquetée comme une réussite ou un échec, offre des leçons précieuses. En ce sens, le dérapage permet de se préparer et de prévenir ou de faire face à une rechute. Quant à la rechute, c'est une victoire différée. Gardons à l'esprit qu'une rechute n'est jamais un retour à la case départ! Chaque rechute est une opportunité de se poser des questions cruciales : «Qu'est-ce que cette expérience m'a appris? Quels sont maintenant mes objectifs?»

La rechute dans l'addiction est davantage la règle que l'exception. Les rechutes sont liées à une vulnérabilité individuelle, à des circonstances et des difficultés environnementales persistantes ainsi qu'à des altérations neurologiques provoquées par la consommation de substances psychoactives comme l'alcool ou le cannabis. Le rétablissement prend du temps. Par exemple, retrouver une bonne qualité de sommeil peut être un processus long. La rechute dans l'addiction peut être favorisée par un contexte défavorable, un stress chronique, une difficulté affective ou encore des troubles émotionnels. L'affectivité, c'est l'ensemble des réponses que ressent ou exprime une personne face à des événements internes comme les pensées, ou externes comme des difficultés familiales, professionnelles, scolaires, sociales. Anticiper la rechute fait partie de l'accompagnement de mes patients.

L'addiction, c'est un peu comme un voyage en montagne. Imaginez que vous gravissez une montagne, chaque jour un peu plus haut. Mais parfois, vous trébuchez et glissez en arrière, retournant à un point de départ plus bas. En escalade, les glissades peuvent survenir pour diverses raisons : des terrains glissants, des vents forts, une perte momentanée de concentration, un moment de stress intense ou de surcharge émotionnelle. De même, dans l'addiction, les facteurs environnementaux, émotionnels et affectifs peuvent par exemple agir comme des terrains glissants, pouvant conduire à un dérapage ou à une rechute. Tout comme un alpiniste qui se relève après une chute, chaque dérapage ou rechute dans l'addiction peut être considéré comme une opportunité d'apprentissage et de croissance, une occasion de mieux comprendre ses propres limites, de renforcer sa détermination et d'adapter sa stratégie pour atteindre le sommet du rétablissement.

Je tiens à répéter que l'addiction est une maladie chronique au même titre que toutes les autres maladies chroniques. Imaginez qu'une personne de votre entourage souffre d'une maladie cardiaque chronique. Malgré les traitements et les changements de mode de vie, cette personne connaîtra peut-être des périodes pendant lesquelles son cœur rencontrera des difficultés de fonctionnement. Par exemple, malgré les médicaments et un régime alimentaire adapté, un stress intense peut aggraver temporairement le dysfonctionnement cardiaque. Tout comme dans la gestion des maladies cardiaques chroniques, gérer l'addiction implique de surveiller attentivement les signaux d'alerte, de s'engager dans un traitement ou un accompagnement régulier et de prendre des mesures pour réduire les facteurs de risque.

Le circuit de la récompense

Pourquoi cette attirance pour les réseaux sociaux ?

Vous êtes-vous déjà demandé pourquoi votre adolescent peut passer des heures scotché sur les réseaux sociaux, mais peine à se concentrer sur ses devoirs ? Pourquoi les réseaux sociaux semblent-ils l'emporter sur les devoirs ? Ça vous est peut-être déjà arrivé… Vous êtes dans la cuisine, en train de faire cuire des pâtes lorsque, tout d'un coup, un ami vous envoie un message sur votre réseau social préféré. Et là, pendant quelques secondes ou quelques minutes, vous avez complètement oublié que vous étiez dans la cuisine parce que vous étiez en quelque sorte « hypnotisé ».

Alors, pourquoi les réseaux sociaux semblent-ils l'emporter sur les devoirs ?

C'est par ici que ça se passe… non pas dans vos yeux, mais… dans votre cerveau, où l'on trouve le circuit de la récompense, dont le principe est simple : pour chaque activité, le cerveau enregistre le plaisir que vous en retirez pour orienter par la suite votre attention sur les activités les plus satisfaisantes. Quand le duel réseaux sociaux *versus* devoirs s'engage… à votre avis, quel protagoniste remporte le duel ? Celui qui procure le niveau de plaisir le plus élevé ! Eh oui, les réseaux sociaux, ont, de prime abord, tous les atouts pour remporter le duel.

Petite pause plaisir et émotions

C'est quoi le plaisir?

C'est la composante affective des émotions agréables et des expériences sensorielles hédoniques. Le plaisir peut provenir de la satisfaction, du contentement, de la joie, de la gratitude, de l'amour ou de sensations physiques plaisantes liées à nos 5 sens, comme le plaisir gustatif d'un bon repas ou tactile d'une caresse. Le plaisir est une expérience subjective qui peut résulter de la satisfaction d'un besoin, d'un désir ou de l'accomplissement d'une activité gratifiante. Non seulement la sensation est agréable, mais le plaisir participe aussi à la survie des espèces en les poussant à la satisfaction de leurs besoins. La recherche du plaisir guide ainsi nos comportements sur les plans professionnel et personnel : recherche d'emploi, alimentation, loisirs, tenue vestimentaire, etc.

Et l'émotion? C'est ce qui nous met littéralement et étymologiquement en mouvement! Ce qui nous permet d'agir! Émotion est issu du latin *emovere* signifiant «mettre en mouvement». L'émotion, c'est en quelque sorte le résultat d'une interaction entre l'environnement et le monde intérieur. Cela implique tout un ensemble de phénomènes sur le plan neurologique, biologique (via les sensations physiques), psychologiques (via les perceptions). L'émotion se traduit par des manifestations corporelles perceptibles.

Paul, 13 ans, se prépare pour son premier jour dans son nouveau collège. Alors qu'il s'habille le matin, il ressent tour à tour un mélange d'émotions. La peur s'empare de lui, faisant battre son cœur plus vite et provoquant des papillons dans son estomac. Il appréhende de ne pas se faire d'amis ou de ne pas être à la hauteur scolairement. En même temps, une pointe d'excitation, une forme de joie anticipée, le traverse. Il ressent un frisson d'enthousiasme à l'idée de découvrir de nouvelles personnes et d'apprendre de nouvelles choses. La tristesse se manifeste aussi, créant une boule dans sa gorge, quand il pense à ses anciens amis qu'il a dû quitter. Enfin, une légère colère gronde en lui, se traduisant par une tension dans ses épaules, car il en veut un peu à ses parents de l'avoir forcé à changer d'école.

Toutes ces émotions se bousculent et créent un tourbillon intérieur que Paul a du mal à gérer. Il se sent submergé, incapable de démêler clairement ce qu'il ressent. Cette intensité émotionnelle est typique de l'adolescence, où les changements hormonaux et le développement du cerveau rendent les émotions particulièrement vives et parfois contradictoires.

Pour Paul, comme pour tous les adolescents, apprendre à reconnaître et à nommer ces différentes émotions constitue une étape cruciale pour mieux les comprendre et les réguler. C'est aussi une ressource importante pour réguler l'usage des réseaux sociaux.

Je disais donc que le cerveau est conçu pour rechercher le plaisir et la récompense. Et pas seulement celui des adolescents, celui des adultes aussi – et donc le vôtre.

Vous savez maintenant que le cerveau est câblé pour rechercher le plaisir et la récompense. Mais quel est le lien avec les réseaux sociaux, me demanderez-vous ? Comment les réseaux sociaux exploitent-ils ce mécanisme pour capter notre attention ? Quels sont les secrets de leur succès ?

Quand on effectue une tâche agréable, le cerveau produit, entre autres, de la dopamine, un messager chimique, associé au plaisir et à la motivation. De la même façon, quand un adolescent utilise les réseaux sociaux ou qu'il atteint une étape importante dans un jeu vidéo, son cerveau libère de la dopamine.

Par exemple, la semaine dernière, j'étais invitée chez ma voisine. Nous discutions autour d'un café, et Julien, le fils de ma voisine, était sur son téléphone portable, le casque sur les oreilles. Nous parlions tranquillement quand, tout d'un coup, il sauta du canapé, le sourire aux lèvres. Nous nous sommes demandé ce qui se passait : Julien avait reçu une notification indiquant que son influenceur préféré avait liké une de ses vidéos. À la vue de cette notification, il n'a pu se retenir de sauter de joie. Cette simple notification représentait en effet pour lui l'ultime récompense de sa journée.

Petite pause histoire

Hummm... Ce sera peut-être plus clair avec une histoire. Parce que les adultes aussi méritent d'accéder aux pouvoirs merveilleux des histoires.

Il était une fois une jeune fille nommée Lucie. Lucie était une artiste talentueuse. Elle adorait dessiner des paysages et des personnages fantastiques. Chaque jour, elle se plongeait dans son imagination et créait des œuvres magnifiques.

Un jour, alors qu'elle dessinait dans son atelier, son ami Tom lui parla d'un nouveau réseau social appelé MagieLand. Tom lui expliqua comment, sur MagieLand, elle pouvait partager ses dessins avec le monde entier et recevoir des «j'aime» et des commentaires de personnes partageant ses intérêts. Intriguée, Lucie décida de télécharger l'application et de la tester.

Dès qu'elle commença à publier ses dessins sur MagieLand, quelque chose de «magique» se produisit. Chaque fois qu'elle recevait un «j'aime» ou un commentaire positif sur son travail, elle ressentait une vague de bonheur et d'excitation. Son cœur battait plus vite, et elle se sentait incroyablement valorisée. Cette sensation de satisfaction instantanée était si puissante qu'elle ne pouvait plus s'empêcher de vérifier sans cesse son téléphone pour vérifier combien de «j'aime» elle avait reçus.

Au fil du temps, Lucie devint de plus en plus obsédée par MagieLand. Elle passait des heures et des heures à parcourir les publications d'autres utilisateurs, à répondre aux commentaires et à mettre à jour son propre profil. Ses amis dans le village commencèrent à remarquer qu'elle passait moins de temps à dessiner et plus de temps à fixer son écran de téléphone.

Un jour, alors qu'elle était plongée dans son téléphone, Lucie réalisa quelque chose de troublant. Elle avait passé toute la journée à naviguer sur MagieLand, sans même s'en rendre compte. Elle avait négligé ses amis, sa famille et même sa passion pour l'art. Elle se sentait vide et insatisfaite, malgré tous les «j'aime» qu'elle avait reçus.

Une histoire de dopamine

La dopamine, à la fois hormone et neurotransmetteur, agit principalement comme neurotransmetteur dans les addictions. Un neurotransmetteur, c'est un messager, un médiateur, une molécule chimique synthétisée et libérée par une cellule nerveuse appelée neurone, permettant à celui-ci de transmettre des messages en se fixant sur d'autres cellules.

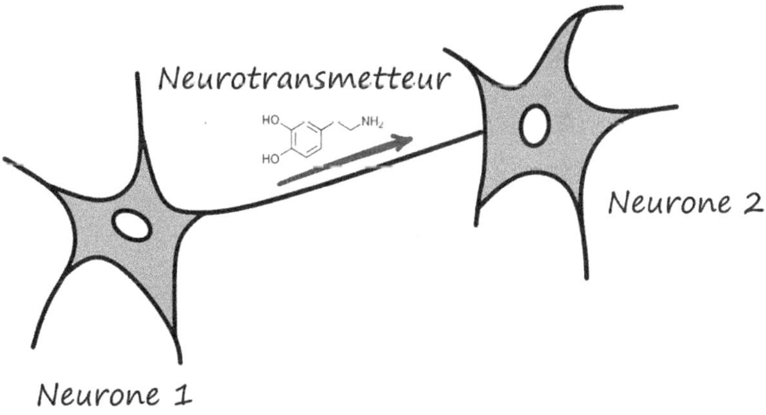

Le neurotransmetteur assure donc la transmission des messages d'un neurone à un autre. Il existe différents neurotransmetteurs, qui ont chacun une fonction. Certains peuvent modifier l'humeur, d'autres la concentration ou la mémoire, ou encore la douleur. La dopamine est en quelque sorte une substance chimique «satisfaisante», qui renforce le désir de rester sur les réseaux sociaux ou de continuer à jouer aux jeux vidéo.

«Et les devoirs dans tout ça?» Vous conviendrez avec moi que les devoirs n'offrent la plupart du temps pas la même gratification instantanée.

«Ah oui, mais les devoirs peuvent être satisfaisants à long terme!» me rétorquerez-vous.

En effet, mais le sentiment d'accomplissement différé n'allume pas le circuit de la récompense aussi rapidement qu'une victoire dans un jeu. Oui, les devoirs peuvent être satisfaisants à long terme mais il n'empêche que le cerveau a un penchant pour les récompenses immédiates. Cela rend les devoirs moins attrayants par rapport à l'excitation instantanée des réseaux sociaux.

Il est cependant possible d'adopter des stratégies d'apprentissage captivantes pour les adolescents en incorporant des récompenses dans les routines du parcours d'étude. Ainsi on peut engager le système de récompense du cerveau de façon plus constructive. Revaloriser d'autres motivations, c'est l'occasion de donner moins de place aux réseaux sociaux.

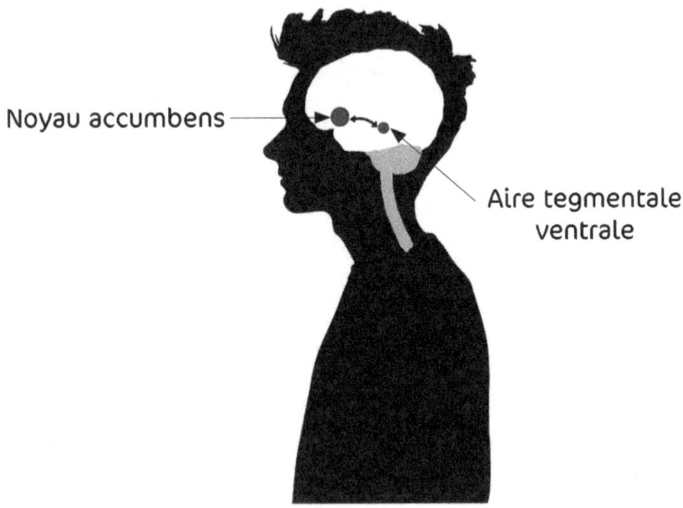

Recentrons notre attention sur ce fameux système de récompense. Le circuit de la récompense, c'est schématiquement un réseau de connexions qui relie deux groupes de neurones, l'un situé dans l'aire tegmentale ventrale et l'autre dans le noyau accumbens. Les neurones à dopamine de l'aire tegmentale ventrale se projettent dans le noyau accumbens.

Quand les individus regardent des images de leurs profils de réseaux sociaux ayant suscité beaucoup de likes, le noyau accumbens s'active significativement. Le noyau accumbens, c'est donc en quelque sorte la zone qui s'active quand on voit ou entend quelque chose qui est plaisant pour nous. Et par exemple des likes qui, soit dit en passant, flattent notre ego.

Le mécanisme neuropsychologique est commun à toutes les addictions. En effet, toutes les substances susceptibles d'induire une addiction, tout comme les comportements potentiellement addictifs, activent les voies dopaminergiques du système de récompense et augmentent la concentration de dopamine dans le noyau accumbens.

Un système conçu pour la survie

Le système de récompense fait partie du système limbique. Le système limbique, appelé aussi cerveau limbique ou cerveau émotionnel, joue un rôle crucial dans nos émotions, nos comportements ainsi que notre mémoire. C'est là que siègent les réactions cérébrales les plus primaires ainsi que la plupart de nos désirs et besoins vitaux comme s'alimenter, réagir à une agression, se reproduire. Le circuit de la récompense a une fonction simple : favoriser les comportements permettant d'assurer les besoins nécessaires à la survie de l'espèce humaine, comme l'hydratation, l'alimentation, la sexualité, par la génération d'une sensation agréable de plaisir. Ainsi, quand vous avez faim, la prise d'un repas libère de la dopamine et donne ainsi au cerveau une sensation de plaisir. C'est ce qu'on appelle la récompense. Le plaisir procuré par cette activité vous pousse à renouveler l'expérience et cela garantit ainsi votre survie. Si vous vivez en bonne harmonie avec votre circuit de récompense, s'il fonctionne «normalement», ce circuit participe à votre équilibre et à votre bien-être mental.

Est-ce que seules les fonctions vitales peuvent vous faire sécréter de la dopamine ? Non ! Vous pouvez sécréter de la dopamine en pratiquant une activité physique ou en écoutant de la musique. Mais aussi... en effectuant des achats compulsifs ou bien en jouant aux jeux de hasard et d'argent. Et, bien sûr, en passant du temps sur les réseaux sociaux comme Lucie sur MagieLand.

Petite pause sucrée

Savez-vous pourquoi on aime autant le sucre ? La réponse se trouve aussi dans notre cerveau, conçu pour rechercher le plaisir et la récompense. La mission du système de récompense, c'est de répondre à la question : «Dois-je le refaire ?» Le sentiment de plaisir que nous éprouvons quand on mange des sucreries est la manière dont notre système de récompense nous dit : «Recommence !» Il en est de même pour les réseaux sociaux.

Le principal neurotransmetteur émis dans le circuit de la récompense est donc la fameuse dopamine. Cependant, l'implication de la dopamine ne représente que la partie émergée de l'iceberg. D'autres neurotransmetteurs sont aussi présents dans le système de récompense comme le GABA (acide gamma aminobutyrique), la noradrénaline et la sérotonine. Trois systèmes de neurones, dopaminergiques, sérotoninergiques, et noradrénergiques caractérisent les structures nerveuses répondant chacun à un médiateur chimique : respectivement la dopamine, la sérotonine et la noradrénaline. Le dysfonctionnement de l'un d'entre eux peut générer l'addiction.

Et les addictions dans tout ça ?

Alcool, drogues, tabac, certains médicaments, jeux, réseaux sociaux… Quels que soient la substance ou le comportement en cause, l'addiction repose sur un mécanisme neurobiologique commun : la perturbation du circuit de la récompense.

Toutes les substances susceptibles de provoquer une addiction activent, entre autres, les voies dopaminergiques, c'est-à-dire le système de récompense, et augmentent la concentration de dopamine dans le noyau accumbens. Le produit ou le comportement potentiellement addictif détourne à son profit les circuits de la motivation, modifiant à leur tour les circuits des émotions et les habitudes.

Petite pause histoire

Reprenons l'histoire de Lucie. Dès que Lucie commença à publier ses dessins sur MagieLand, chaque fois qu'elle recevait un «j'aime» ou un commentaire positif sur son travail, elle ressentait une vague de bonheur et d'excitation. Cette sensation de satisfaction instantanée était si puissante qu'elle ne pouvait plus s'arrêter de vérifier son téléphone pour voir combien de «j'aime» elle avait reçus.

Au fil du temps, Lucie devint de plus en plus obsédée par MagieLand. Elle passait des heures et des heures à parcourir les publications d'autres utilisateurs, à répondre aux commentaires et à mettre à jour son propre profil. Ses amis dans le village ont commencé à remarquer qu'elle passait moins de temps à dessiner et plus de temps à fixer son écran de téléphone.

Un jour, alors qu'elle était plongée dans son téléphone, Lucie réalisa quelque chose de troublant. Elle avait passé toute la journée à naviguer sur MagieLand sans même s'en rendre compte. Elle avait négligé ses amis, sa famille et même sa passion pour l'art. Elle se sentait vide et insatisfaite, malgré tous les «j'aime» qu'elle avait reçus.

Inquiète de sa dépendance croissante à MagieLand, Lucie décida de demander de l'aide à sa grand-mère Simone. Simone lui expliqua que ce qu'elle ressentait était lié à quelque chose appelé le «circuit de la récompense» dans son cerveau. Elle compara ce circuit à une série de chemins dans la forêt. «Plus on emprunte un chemin, plus il devient facile de le suivre.» Chaque fois que Lucie recevait une récompense, comme un «j'aime» sur MagieLand, son cerveau renforçait le suivi de ce chemin, la poussant à chercher encore plus de récompenses. Lucie venait de découvrir le circuit de la récompense.

Que se passait-il dans le cerveau de Lucie?

Au fur et à mesure que Lucie devenait de plus en plus obsédée par MagieLand, son cerveau s'adaptait à la libération continue de dopamine. Les niveaux de dopamine pouvaient devenir moins «sensibles», ce qui signifie que Lucie devait passer plus de temps sur le réseau pour ressentir le même niveau de plaisir et de satisfaction.

C'est ainsi que Lucie est devenue progressivement «addict'» à MagieLand. Son cerveau était conditionné à associer l'utilisation de ce réseau à la libération de dopamine et au plaisir. Malheureusement, cette dépendance commençait à avoir un impact négatif sur sa vie quotidienne, en compromettant ses relations, son sommeil, sa santé mentale et même sa passion pour l'art. Lucie était passée du plaisir au déplaisir.

Ce que ressent Lucie est partagé par de nombreux jeunes et adultes confrontés à l'addiction. Ils commencent par éprouver du plaisir et une satisfaction à travers la consommation de produits ou l'usage des réseaux sociaux. Mais, après le plaisir vient le déplaisir. Pourquoi? Parce que le système s'habitue au plaisir. Cette adaptation ralentit l'activité du système dopaminergique, réduisant le plaisir ressenti. Cela peut conduire à une perte de motivation, d'intérêt et d'initiative, qui peut être observé chez les consommateurs réguliers de cannabis ou d'alcool. Le système de régulation du stress est également stimulé par une consommation répétée, augmentant les réponses anxieuses.

Privée de l'objet de sa dépendance, la personne ressent une anxiété importante, se sent déprimée, ou encore en manque d'énergie. En d'autres termes, dans un premier temps on retourne d'abord sur MagieLand par plaisir. Il y a un renforcement positif, qu'on appelle le *craving* de récompense.

Progressivement, la personne continue à consommer pour se sentir moins mal. Par exemple, pour soulager les symptômes de sevrage comme les tremblements et les sueurs le matin chez certaines personnes souffrant d'une addiction à l'alcool, ou encore pour soulager l'anxiété et l'irritabilité entre deux cigarettes, deux parties de jeux vidéo ou peut-être entre deux connexions sur les réseaux sociaux comme Lucie sur MagieLand. C'est ce qu'on appelle le *craving* de soulagement. Ainsi, quand le besoin n'est pas assouvi, il crée un sentiment de manque dont les conséquences peuvent être plus ou moins graves selon le niveau de dépendance.

L'adolescent ou l'adulte souffrant d'une addiction consomme souvent de manière automatique et compulsive, il cherche à satisfaire un besoin irrépressible, souvent aussitôt suivi d'un sentiment de culpabilité. Il a été montré que le *craving* est vécu presque malgré soi : la personne ne peut s'empêcher de désirer ce à quoi elle est dépendante, même si elle cesse de l'apprécier.

«Quand je consomme de l'alcool, c'est comme si je ne pouvais pas m'arrêter. Même si je sais que ça me fait du mal et que je me sens coupable après, le besoin de boire est plus fort que tout. Je ne ressens plus vraiment de plaisir, mais l'envie est toujours là, irrésistible.» Noé, 28 ans

Encore une histoire de dopamine (entre autres)

Avec la répétition, la sensation de plaisir procurée par la consommation d'une substance ou l'usage des réseaux sociaux devient de moins en moins intense. On ressent donc le besoin d'augmenter les doses consommées pour retrouver le niveau de plaisir initial. Et, en cas d'usage continu de la même dose, les effets sont nettement diminués.

On peut observer un phénomène de tolérance dans l'addiction aux jeux de hasard et d'argent. Parmi les critères diagnostiques, on trouve le fait que la personne éprouve le besoin de jouer avec des sommes d'argent croissantes pour atteindre l'état d'excitation désiré. En conclusion, on peut donc observer un phénomène de tolérance dans certaines addictions à des comportements. Et vous, avez-vous déjà éprouvé le besoin d'augmenter le temps passé sur les réseaux sociaux?

On se connecte, on consomme, on joue pour se sentir bien. Puis, on se connecte, on consomme, on joue pour ne plus se sentir mal, ou tout du moins pour se sentir moins mal. Le système décisionnel logé dans le cortex préfrontal interagit avec le système de récompense qui maintient l'addiction. Cette interaction nous persuade que le comportement est vital, satisfaisant et utile. La satisfaction n'est pourtant jamais totale, il en faut toujours plus, d'où les nombreuses heures par jour passées sur les réseaux sociaux.

Quand le corps cherche à compenser

Pour retrouver un certain équilibre, le corps «s'adapte» en diminuant la disponibilité de la dopamine entre deux accès aux réseaux sociaux.

Cette baisse du neurotransmetteur de la motivation et de la récompense, appelé état hypodopaminergique, s'accompagne d'émotions désagréables comme la tristesse, l'ennui, l'insatisfaction et la labilité émotionnelle (un ensemble de manifestations émotionnelles soudaines, «disproportionnées», instables, versatiles et variant rapidement avec des manifestations par exemple d'irritabilité, d'intolérance à la frustration).

Cet état peut aussi s'accompagner d'une baisse d'énergie, d'une indifférence, d'une fatigue, d'insomnie, d'une anhédonie (perte de la capacité à ressentir le plaisir), d'une perte de motivation avec procrastination, d'une inhibition de l'activité physique et intellectuelle, ou encore de troubles de l'attention. On comprend pourquoi cet état peut contribuer à la recherche de produits ou de comportements stimulants afin de compenser ce déficit.

> **«J'ai commencé à prendre des amphétamines pour rester éveillée et concentrée pendant mes révisions. Mais maintenant, sans elles, je me sens épuisée et incapable de me motiver. J'ai du mal à dormir et je n'éprouve plus de plaisir dans les activités que j'aimais avant. C'est comme si mon cerveau avait besoin de ces stimulants pour fonctionner normalement.» Marion, 17 ans**

D'ailleurs cet état hypodopaminergique peut favoriser l'envie de sucres, de sodas, d'alcool, de graisses saturées. Couplé à la sédentarité qui est fréquente chez les jeunes générations, le risque du développement d'un surpoids augmente concomitamment.

Pour retrouver les sensations initiales ou au moins éviter les signes de «sous-dosage» (anxiété, tristesse, irritabilité, etc.), chaque nouvelle consommation renforce le circuit de la dépendance ce qui entraîne le besoin d'augmenter les doses, leur fréquence, voire d'associer d'autres produits pour compenser un effet psychoactif insuffisant.

Les addictions ne sont pas exclusivement un désordre des systèmes dopaminergiques. Cette perturbation varie d'une personne à l'autre. Les systèmes impliqués dans la régulation du stress, des émotions et de l'humeur sont aussi concernés!

Petite pause stress

Le stress a souvent une connotation péjorative. On pense toujours aux effets délétères du stress. Pourtant, contrairement au stress chronique, la situation de stress aigu est une réaction physiologique tout à fait normale d'adaptation à notre environnement.

C'est quoi le stress exactement?

C'est un processus d'adaptation de notre organisme, une réaction physiologique qui se produit chaque fois qu'il y a un écart entre l'exigence de la situation et notre capacité à y faire face. Cet écart peut être réel ou fictif.

Le stress n'est donc pas une réaction négative en elle-même. Cependant, quand le stress devient chronique, il est alors délétère. Le stress chronique est à l'origine d'un grand nombre de maladies. Par exemple, il augmente le risque de développer des maladies cardio-vasculaires qui atteignent les vaisseaux sanguins des muscles cardiaques et du cerveau.

Pourquoi je vous parle du stress chronique? Parce que les modifications neurobiologiques dans les addictions ressemblent à celles d'un stress chronique. Le système du stress est affecté chez les personnes souffrant d'une addiction, créant un cercle vicieux : les addictions génèrent un état de stress, et le stress favorise les conduites addictives.

Et pour les addictions sans drogues, les addictions à des comportements tels que l'usage des réseaux sociaux, est-ce que ça fonctionne pareil?

En l'état actuel des connaissances, il semble que les mécanismes neurobiologiques et psychologiques soient similaires ou proches. Les fonctions du plaisir, de l'évitement de la souffrance, de la dépendance et de la régulation des sensations et des émotions y sont pareillement mises en jeu. De nombreuses études scientifiques ont montré que des activités comme le jeu de hasard et d'argent, ainsi que les jeux vidéo peuvent entraîner un syndrome addictif avec un mécanisme similaire à celui rencontré dans les troubles liés à l'abus de substances.

Tout comme les drogues, les comportements ont des effets neurobiologiques. Par exemple, le jeu d'argent est associé à une libération de cortisol, communément appelée l'hormone du stress. Cela a un impact sur les neurones si l'exposition se poursuit de façon répétée. Le corps sécrète un certain nombre de neurotransmetteurs (par exemple la dopamine et l'endorphine) de nature à générer et à renforcer des conduites addictives : participation à des jeux d'argent, parties de jeu vidéo, visionnage de pornographie, consommation de substances psychoactives.

Et pour les réseaux sociaux, peut-on vraiment parler d'addiction? Quel est l'avis des scientifiques sur le sujet?

Les mécanismes créateurs d'addictions dans les réseaux sociaux

Sur le plan neuropsychologique, le cerveau associe des évènements sensoriels (bruits, odeur, vue, contact...) à des récompenses. Le tintement des notifications de votre smartphone, les sons et lumières des casinos... En associant ces stimuli à une émotion, votre cerveau donne à des stimuli neutres une signification affective. Pourquoi? Parce qu'ils sont associés à des récompenses. Cet apprentissage de notre cerveau basé sur la récompense peut conduire à des comportements qui nous sont défavorables.

«Chaque fois que j'entends le son de la notif' de mon téléphone, je ressens une montée d'excitation. Même si je suis en train de faire mes devoirs ou de passer du temps avec ma

famille, je ne peux pas m'empêcher de vérifier mon téléphone. C'est comme si mon cerveau avait appris à associer ce son à quelque chose de positif, comme un message d'un ami ou une nouvelle intéressante. Mais au final, ça me distrait et m'empêche de me concentrer sur ce que je fais. » Luce, 16 ans

Petite pause partage

La nature a horreur du vide. Mais saviez-vous que l'être humain aussi ?

Ce désir de partager sa vie, ses photos, ses opinions, ses frustrations ou ses joies, est-il réellement nouveau ?

Le goût de l'échange, le partage de contenu, rien de nouveau sous le soleil !

Autrefois, ces partages se déroulaient dans le cadre « privé », mais bien sûr, ils existaient déjà. Pour caricaturer à peine, c'était ce qui se passait au bar, anciennement le bistrot, ou lors d'un repas entre amis. On échangeait des idées, on débattait, on discutait des dernières nouvelles. Lorsqu'on partait en vacances, on envoyait une carte postale.

Aujourd'hui, on continue de partager des choses. La différence peut se résumer par ce que j'appelle la formule 5P :

- Plus de contenus,
- Plus de sources,
- avec Plus de personnes,
- Plus régulièrement
- et Plus vite !

Aujourd'hui, on publie un post sur un réseau social pour que tout le monde soit au courant. En fin de compte, c'est la même chose mais à l'ère numérique.

Le partage fait donc partie de notre condition d'être humain.

Sur les réseaux sociaux, se joue aussi ce besoin de s'exprimer et d'avoir l'approbation des autres. Cela se matérialise par la recherche de likes, d'abonnements...

Juan, 14 ans, confie : «J'adore partager des photos et des moments de ma vie sur les réseaux sociaux. Chaque like et chaque commentaire positif me donnent un vrai coup de boost. C'est comme si ça validait ce que je fais et qui je suis. Parfois, je me surprends à vérifier mon téléphone toutes les 5 minutes pour voir si j'ai de nouvelles notifications. C'est devenu une habitude, presque un besoin.»

Selon une étude récente, le contexte des réseaux sociaux perturbe le discernement de la vérité[1]. L'été 2020, des participants ont été exposés à 25 titres d'articles sur la crise sanitaire liée à la COVID-19. 15 d'entre eux contenaient de fausses informations. Dans la deuxième session, en octobre 2020, les participants ont été exposés à 60 actualités politiques, présentées sous forme de posts avec un titre, une image et une source. La moitié étaient vraie et l'autre moitié fausse.

Chaque participant a été assigné au hasard à l'un des quatre groupes. Dans le premier groupe, les participants devaient simplement indiquer s'ils jugeaient les titres d'articles vrais ou faux. Dans le second groupe, les participants devaient uniquement préciser s'ils seraient prêts à les partager en ligne sur un réseau social. Dans le troisième groupe, les participants étaient d'abord interrogés sur leur intention de partage, puis sur la véracité de l'information. Dans le dernier groupe, l'ordre des questions a été inversé : les participants se prononçaient d'abord sur la véracité de l'information puis sur leur intention de la partager en ligne.

Quels ont été les résultats ?

Quand les participants doivent se prononcer sur le fait de partager ou non un contenu, leur capacité à juger de la véracité de l'information est amoindrie. Et les participants sont d'autant plus en

---

1. Epstein, Z. *et al.* (2023). The social media context interferes with truth discernment. *Sci. Adv.* 9.

difficulté pour identifier la fausse information quand ils sont d'abord interrogés sur le partage. Je ne vous parle pas ici de l'impact des algorithmes, de la rapidité des interactions qui peuvent favoriser le partage des fausses informations. Je vous parle de notre motivation au partage d'informations qui peut l'emporter sur le fait de savoir si ces informations sont vraies ou fausses.

Qu'est-ce que ça implique?

Selon ces chercheurs, la simple intention, la simple perspective de partager un contenu en ligne sur un réseau social semble diminuer la capacité des internautes à juger si l'information est vraie ou fausse. Ça n'est pas seulement qu'ils oublient de vérifier l'exactitude d'une information. C'est que la perspective de partager une information en ligne semble amener à ce qu'on croit plus facilement à cette information.

Et donc, comment ça s'explique?

Une des hypothèses, c'est l'état d'esprit de l'internaute qui est dans l'intention de partager un contenu en ligne. Et là, à cet instant, les «motivations sociales» semblent l'emporter sur la véracité de l'information. Les chercheurs mentionnent aussi que la conception même de certains réseaux sociaux incite à l'engagement des internautes et donc au partage de contenus.

Petite pause terminologie

Les réseaux sociaux ont beaucoup évolué, tout comme leur accessibilité grâce à la démocratisation des smartphones. Il est possible d'accéder aux réseaux sociaux en tout temps, en tous lieux et de façon gratuite. Quand Édouard, âgé de 12 ans, n'est pas en ligne, il me dit être «obsédé par ce qui est en train de se passer sur son fil d'actu». Sur un réseau social, le fil d'actualité (aussi appelé fil de nouvelles, fil de publications ou en anglais *timeline*) est une liste de nouvelles ou d'informations constamment mise à jour. Ce fil d'actu provient des relations de l'utilisateur (appelées amis, abonnés, selon le réseau social) ou des pages auxquelles il est abonné.

Et le flux et le *feed*, c'est quoi ?

Le flux peut désigner soit une conversation, soit le fil d'actualité.

Le *feed* désigne souvent le contenu publié par un utilisateur sur son propre profil, mais peut aussi être utilisé pour parler du fil d'actualité.

Notez que l'usage de ces termes peut varier selon les plateformes et les utilisateurs.

Un fil d'actu regroupe les contenus postés depuis les comptes auxquels l'utilisateur est abonné, classés généralement du plus récent au plus ancien. Sur la plupart des réseaux sociaux, quand un utilisateur se connecte, il voit défiler le flux regroupant les derniers posts de ses amis et des pages qu'il suit.

La structure même des réseaux sociaux semble avoir un effet dopaminergique. Eh oui, les réseaux sociaux favorisent la production de dopamine, molécule responsable de la sensation de plaisir. Ils agissent sur les mêmes mécanismes que les drogues. Et, quand on a accroché, on ressent ce même besoin de récompense.

Les réseaux sociaux sont d'ailleurs dotés de puissants algorithmes capables de personnaliser votre expérience et celle de vos enfants en fonction de vos habitudes, vous incitant à rester sur le réseau social, à y retourner quand vous le quittez ou quand vous n'êtes pas actif, par exemple via les notifications.

Les réseaux sociaux vous permettent en général d'aller vers des contenus qui confirment ce que vous pensez. Ils nourrissent (on en revient aux besoins primaires) un de nos besoins principaux : le besoin de confirmation. Certains algorithmes génèrent très vite du contenu sur une seule thématique. Vous avez liké une ou deux photos de chats tout mignons, et là, sans y prendre garde, votre fil d'actu est bombardé de photos et de vidéos de chats tous plus mignons les uns que les autres. Un contenu à l'aspect « hypnotique ».

Alors, si votre enfant s'est intéressé à quelques posts concernant des problématiques de santé mentale ou de violences, vous pouvez imaginer aisément à quoi va ressembler son fil d'actu. Une fois que l'algorithme connaît vos intérêts ou ceux de votre enfant, il recommande du contenu de plus en plus spécifique sur ces sujets, risquant parfois d'augmenter un mal-être préexistant.

> **« J'ai commencé à regarder quelques vidéos sur les troubles alimentaires, par simple curiosité. Mais très vite, l'algorithme m'a recommandé plein d'autres contenus sur ce sujet. Des comptes pro-anorexie, des tutos pour perdre du poids rapidement… Au début, je ne faisais que regarder, mais ça a fini par nourrir mes propres complexes sur mon poids. J'ai développé de vraies obsessions malsaines. » Carine, 15 ans**

Vous fumez du tabac ? Ou peut-être consommez-vous parfois de l'alcool ? Imaginez qu'on vous punisse si vous ne finissez pas votre verre d'alcool ? C'est ce que font certaines plateformes de réseaux sociaux. Si votre enfant ou adolescent ne publie pas assez régulièrement, ses futures publications deviennent moins visibles par sa communauté. Or, nous sommes des êtres sociaux et les réseaux sociaux viennent nourrir un de nos besoins essentiels : faire partie d'une communauté.

Le baromètre du plaisir

Notre cerveau, c'est le baromètre du plaisir. Il évalue le niveau de satisfaction de chaque activité et guide ensuite notre attention vers les activités les plus agréables. Et là, vous me voyez venir avec les réseaux sociaux ! Interactivité, échanges entre pairs, retour d'information immédiat, autant d'ingrédients pour activer le circuit de récompense du cerveau. Souvenez-vous, il s'agit du même circuit qui réagit aux stimuli agréables comme un plat délicieux ou une expérience joyeuse. Tout cela médié par le même neurotransmetteur associé au plaisir et à la motivation, la dopamine. Cette substance chimique, malgré elle, renforce donc le désir de surfer sur les réseaux sociaux.

Et les notifications, on en parle ?

« C'est plus fort que moi, je ne peux pas m'empêcher de cliquer dès que je vois une notif'. »

Et vous, si vous faisiez le point, là, maintenant ? Posez-vous quelques secondes, fermez les yeux. Visualisez. Comment réagissez-vous au son ou à la vibration de votre smartphone vous indiquant une nouvelle notification ? Une notification promesse d'un pouce, d'un cœur, d'un commentaire sur une de vos photos… Ce clic réflexe machinal, la consultation de la notification sans avoir le temps de vous demander si, à cet instant, vous avez le temps d'y répondre, si c'est intéressant pour vous, si cela vous apporte vraiment quelque chose…

Vous sentez-vous concerné ? Êtes-vous notif-dépendant ? En tout cas, tout est fait pour que vous ou votre adolescent le deveniez !

Eh oui ! La notification est conçue ingénieusement. Elle calque son fonctionnement sur le circuit de la récompense du cerveau humain !

Le renforcement négatif

Le renforcement, c'est le processus qui favorise la répétition d'un comportement. Le renforcement est négatif si ce comportement vise à éviter ou réduire une souffrance, plutôt que d'apporter du plaisir. Un exemple : Maelys, 13 ans, dont les parents sont divorcés, passe en moyenne 5 heures par jour sur les réseaux sociaux. Quand elle passe le weekend chez sa mère, elle a accès à son téléphone portable le soir seulement, pendant 30 minutes. Durant ces weekends, elle se sent plus irritable, nerveuse et anxieuse. Elle ne se sent mieux que le soir, quand elle se connecte sur les réseaux sociaux. Le réseau social, initialement utilisé pour ses effets plaisants, devient alors un moyen de soulager les effets néfastes du sevrage. C'est cela que l'on appelle le renforcement négatif. Il conduit à une baisse de la motivation pour les récompenses naturelles, et amplifie l'attrait pour les réseaux sociaux.

Ce renforcement négatif peut être considéré comme un *craving* de soulagement, une sorte d'«autothérapie» anxiolytique (pour faire baisser l'anxiété), hypnotique (aider au sommeil) ou pour atténuer des signes de sevrage comme l'irritabilité.

La gamification

La gamification (ou ludification en français) accroît l'usage compulsif des réseaux sociaux. Le principe est simple : les plateformes intègrent des mécanismes ludiques, souvent inspirés des jeux vidéo, à des fins didactiques, managériales ou de marketing. Pour résumer, il s'agit d'un concept visant à convertir diverses tâches ou services en jeux. Cela peut par exemple prendre la forme d'un jeu concours organisé sur un réseau social.

«Les jeux concours sur les réseaux sociaux sont super-excitants. Chaque fois que je vois un nouveau concours, je participe immédiatement. L'idée de pouvoir gagner quelque chose juste en likant une page ou en partageant un post est très attirante. Mais je me rends compte que ça me fait passer beaucoup plus de temps sur ces plateformes, à attendre les résultats ou à chercher d'autres concours auxquels participer.»
Camille, 15 ans

L'angoisse de manquer quelque chose

Les réseaux sociaux sont des plateformes de socialisation ou d'information qui évoluent en temps réel, même si l'usager est absent. Chez certaines personnes, cela génère des angoisses à l'idée de manquer une information, un évènement, un buzz, une opportunité ou de voir se dégrader leur statut social virtuel. C'est ce qu'on appelle le syndrome FOMO (*Fear Of Missing Out*), la peur de manquer quelque chose. Cette peur peut devenir obsessionnelle et conduire à une anxiété, la fomophobie. La fomophobie est alimentée par l'imprévisibilité du fil continu d'actualités qui pousse l'usager à vérifier qu'il n'a rien manqué.

> **«Je me sens souvent stressée à l'idée de manquer quelque chose d'important sur les réseaux sociaux. Même quand je suis en cours ou avec des amis, j'ai toujours cette petite voix dans ma tête qui me dit de vérifier mon téléphone. J'ai peur de rater une nouvelle tendance, une information importante ou même un message de mes amis. Ce fil continu d'actualités me pousse à être constamment connectée, et ça devient vraiment épuisant.» Léa, 16 ans**

Les stratégies de conception persuasives telles que les notifications *push* et le défilement infini ont instauré un cercle vicieux qui retient l'attention aussi bien des enfants que des adultes. Plus précisément, on peut parler de boucle de rétroaction. Cette boucle peut se produire quand l'utilisateur réagit à une notification en interagissant davantage avec la plateforme, ce qui entraîne à son tour la réception de plus de notifications, créant ainsi un cycle d'engagement continu.

L'immédiateté des réseaux sociaux contrastant fortement avec les gratifications souvent différées de la vie réelle, ainsi que le renforcement du sentiment d'appartenance à un groupe, peuvent rendre les interactions en ligne particulièrement attrayantes pour les adolescents et adultes en quête de satisfaction rapide et de reconnaissance instantanée.

Chapitre 5

De l'usage à l'addiction

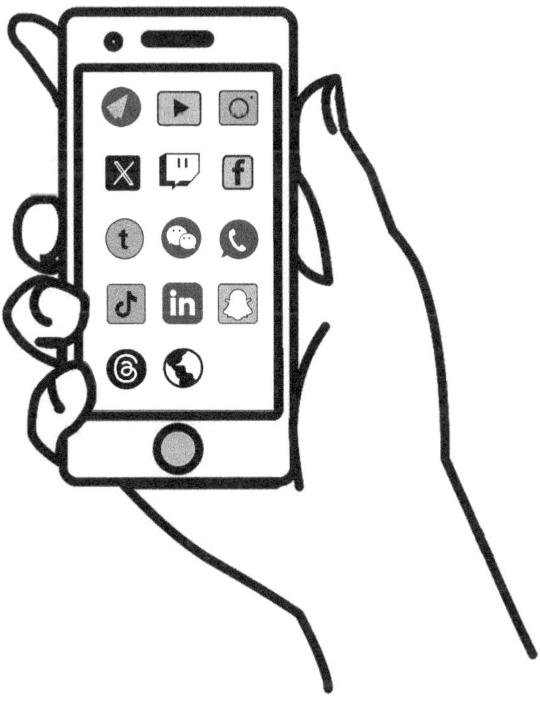

Une perte de contrôle

Vous vous souvenez? L'addiction, ça n'est pas un manque de volonté, mais plutôt une histoire de perte de contrôle.

S'il y avait un signe majeur à retenir dans l'addiction, c'est la perte de contrôle comportemental. Quand une personne développe une dépendance, elle perd souvent la capacité à contrôler sa consommation ou son comportement lié à cette dépendance. En d'autres termes, la perte de contrôle, c'est la poursuite de la consommation tout en étant conscient des dangers, et en dépit même du désir d'arrêter ou de réduire sa consommation. Par exemple, dans le cas d'une dépendance à une substance psychoactive comme l'alcool ou la cocaïne, la personne peut se retrouver en incapacité de limiter sa consommation, même si elle en ressent les effets négatifs sur sa santé physique, mentale et sociale.

Dans la dépendance aux jeux d'argent, aux jeux vidéo ou aux réseaux sociaux, la perte de contrôle se manifeste souvent par une incapacité à limiter le temps passé à s'engager dans ces activités, même lorsque cela a des conséquences négatives sur les études ou le travail, les relations interpersonnelles ou la santé mentale.

«Je voudrais passer moins de temps sur les réseaux sociaux mais je n'y arrive pas!»

Alex, 16 ans, vit dans une petite ville avec ses parents et ses deux frères. Comme beaucoup de jeunes de son âge, il avait un usage «récréatif» des réseaux sociaux. Il était actif sur les réseaux sociaux, partageant des photos, aimant les publications de ses amis et interagissant avec eux en ligne. Au début, son utilisation des réseaux sociaux était plutôt modérée, mais... au fil du temps, quelque chose a changé.

Alex a commencé à passer de plus en plus de temps sur les réseaux sociaux, souvent au détriment de ses responsabilités scolaires et de ses interactions en face à face avec sa famille et ses amis. Il se retrouvait souvent à rester éveillé tard dans la nuit, scrollant sans fin à travers les fils d'actualité de ses applications préférées.

Peu à peu, Alex a perdu le contrôle de son utilisation des réseaux sociaux. Il se retrouvait constamment en train de vérifier ses notifications, de répondre aux messages et de chercher à obtenir davantage de likes et de *followers*. Sa relation avec sa famille et ses amis a commencé à se détériorer, car il était souvent distrait et désintéressé quand il était avec eux, préférant passer du temps sur son téléphone. Ses résultats scolaires ont également commencé à en pâtir, car il négligeait ses devoirs et ses études pour passer plus de temps en ligne. Même quand Alex a pris conscience des impacts négatifs de son comportement sur sa vie quotidienne, il était incapable de réduire son utilisation des réseaux sociaux.

La perte de contrôle d'Alex sur son utilisation des réseaux sociaux est un signe d'addiction. Aider Alex à prendre conscience de l'ensemble des effets négatifs de son comportement, développer des stratégies pour reprendre le contrôle de sa vie en ligne et équilibrer son temps de manière plus saine font partie des solutions que je développerai plus loin.

«Je ne peux pas m'empêcher de regarder les réseaux sociaux.»

La perte de contrôle est un signe majeur d'addiction. Elle démontre la nature compulsive et irrépressible du comportement addictif, malgré les conséquences négatives qui en découlent.

Le système du cortex préfrontal s'affaiblit, laissant libre cours au développement de comportements automatiques. Vous vous souvenez? Dans le cerveau d'une personne souffrant d'addictions, le désir rationnel, le jugement n'influent plus de façon adaptée sur les choix, sur la prise de décision. Cela explique les difficultés à changer de répertoire comportemental et à faire les «bons» choix, en tout cas des choix bénéfiques pour soi.

Il est parfois difficile de comprendre pourquoi une personne continue à consommer de l'alcool, à jouer aux jeux vidéo, ou encore à aller sur les réseaux sociaux malgré les effets délétères. De l'extérieur, on peut penser que ce choix est délibéré. En fait, des modifications des circuits neuronaux affectent le contrôle volontaire.

Du plaisir au besoin

Quelle que soit la motivation initiale à consommer une drogue, à aller sur un réseau social, ou à jouer à des jeux d'argent, la répétition peut conduire à des modifications de la structure et des fonctions de plusieurs circuits du cerveau. Et vous en connaissez déjà un ! Oui, c'est le circuit de la récompense. D'autres neurocircuits sont aussi modifiés. Par exemple, ceux impliqués dans la régulation des émotions, de l'humeur, des apprentissages. Cela peut ainsi affecter la motivation, les capacités d'adaptation et les habitudes comportementales.

Pour résumer, on consomme d'abord par plaisir, puis par besoin, après quoi le cerveau se trouve pris dans un ensemble de routines comportementales liées à des conditionnements, des automatisations, et à une perte de flexibilité cognitive.

Point sur la santé mentale des adolescents

Selon un rapport de Santé publique France, « La santé mentale des 11-24 ans s'est dégradée en 2023 » et c'est « une tendance constante depuis septembre 2020 ».

On assiste à la même tendance chez les 18 à 24 ans.

Les 18-24 ans étaient 21 % à être concernés par la dépression en 2021, contre 12 % en 2017[1].

Quant aux jeunes de 17 ans, 9,5 % étaient concernés par des symptômes anxio-dépressifs sévères en 2022 contre 4,5 % en 2017 et 18 % ont eu des pensées suicidaires dans l'année contre 11 % en 2017[2].

Selon l'enquête ENCLASS, en 2022, 59 % des collégiens et 51 % des lycéens déclarent un bon niveau de bien-être mental.

Toujours selon l'enquête ENCLASS, la santé mentale et le bien-être des élèves se dégradent durant le collège et ne s'améliorent pas au lycée :

- 21 % des collégiens et 27 % des lycéens déclarent un sentiment de solitude. 51 % des collégiens et 58 % des lycéens formulent des plaintes somatiques ou psychologiques récurrentes.
- 14 % des collégiens et 15 % des lycéens présentent un risque important de dépression.
- 24 % des lycéens déclarent des pensées suicidaires au cours des 12 derniers mois, 13 % avoir déjà fait une tentative de suicide au cours de leur vie et environ 3 % une tentative avec hospitalisation.

Y a -t-il des différences entre les garçons et les filles?

- Les filles déclarent plus généralement une santé mentale moins bonne et un niveau de bien-être moins élevé que les garçons.
- Entre 2018 et 2022, la santé mentale et le bien-être des collégiens et des lycéens se sont dégradés, de façon plus marquée chez les filles[3].

---

1. Baromètre santé, 2017 et 2021.
2. Enquête Escapad, 2017 et 2022, OFDT.
3. Léon C., Godeau, E., Spilka, S., Gillaizeau, I., Beck, F. (2024). La santé mentale et le bien-être des collégiens et lycéens en France hexagonale. Résultats de l'Enquête nationale en collèges et en lycées chez les adolescents sur la santé et les substances – EnCLASS 2022. Le point sur. Santé publique France.

L'anxiété : un signe d'alerte et un risque supplémentaire

Observez bien les signes suivants, et cochez les cases :

- ☐ Votre enfant s'inquiète régulièrement.
- ☐ Son anxiété est excessive et il a du mal à la contrôler.
- ☐ Il est souvent agité ou se sent facilement fatigué.
- ☐ Il se plaint de difficultés de concentration.
- ☐ Il est irritable.
- ☐ Il a des tensions musculaires ou des troubles du sommeil.
- ☐ Il est réticent ou refuse d'aller à l'école.
- ☐ Il a peur de rester seul à la maison.
- ☐ Il fait régulièrement des cauchemars sur le thème de la séparation.
- ☐ Il souffre d'une peur ou d'anxiété intense dans les situations sociales.
- ☐ Il a peur d'être jugé négativement par les autres.
- ☐ Il évite des situations sociales qu'il redoute.
- ☐ Il a des attaques de panique imprévues et récurrentes, de peur intense culminant en quelques minutes.
- ☐ Lors de ces attaques de panique, il a des symptômes physiques comme des battements cardiaques rapides, de la transpiration, des tremblements, des sensations d'étouffement.

Ces signes peuvent indiquer un trouble anxieux, surtout s'ils s'inscrivent dans la durée et causent une souffrance à votre enfant.

Soyez aussi attentif à des changements d'humeur, à un sentiment de solitude et une faible estime de soi, qui peuvent être des signes de dépression.

Fiez-vous à votre intuition et au moindre doute, parlez-en à votre médecin ou au pédiatre de votre enfant afin qu'un accompagnement soit proposé le plus précocement possible.

Pourquoi je vous parle de santé mentale? Parce que le risque de développer une addiction est augmenté quand on souffre de troubles anxieux. Cela s'explique par le besoin de diminuer les effets de l'anxiété avec certains comportements ou la prise de substances. «Ça m'apaise», «Ça m'aide à ne plus penser». Addictions et anxiété pourraient même partager des mécanismes physiopathologiques communs, selon certains scientifiques. Il est donc important d'accompagner le plus tôt possible un enfant ou un adolescent souffrant de troubles anxieux.

Le FOMO

La dépendance aux réseaux sociaux peut aussi générer de l'anxiété, par exemple, par le besoin de vérifier les actualités sur son fil d'actu. Le FOMO est l'angoisse persistante de manquer des événements ou des informations importantes. Les adolescents craignent souvent d'être exclus socialement et peuvent en ressentir un sentiment d'infériorité. Cette crainte les pousse à rester connectés le plus souvent possible voire constamment pour éviter de manquer le dernier buzz sur les réseaux sociaux ou encore la date de la prochaine soirée chez un camarade de classe.

Et pour alimenter ce FOMO, rien de tel que les réseaux sociaux qui ne laissent pas le temps de choisir la vidéo que l'on va regarder, mais qui lancent directement celle que l'algorithme a choisie à la fin du visionnage de la première.

Ce FOMO peut conduire à un besoin compulsif d'interagir sur les réseaux sociaux, par exemple en partageant des photos de chaque endroit visité et activité réalisée. Les adolescents peuvent éprouver une obsession pour les réactions des autres à leurs publications. Et ainsi, pour obtenir le plus de like et de commentaires de la part de leur contact, signes pour eux d'acceptation et de popularité, ils peuvent engager leur vie privée.

La perception de la réalité est altérée par la connexion constante aux réseaux sociaux. Consulter un profil sur un réseau social revient à observer une vitrine soigneusement agencée, où seules les pièces les plus attrayantes sont exposées afin d'attirer l'attention. Cela peut conduire à l'idéalisation de certaines personnes. Par contrecoup, cette idéalisation de l'autre modifie la perception que l'on a de soi, conduit à la comparaison, générant envie, jalousie vis-à-vis de ses pairs, et frustration.

L'insatisfaction profonde qui accompagne le FOMO peut conduire à des problèmes de santé physique et mentale.

Chapitre 6

Les jeunes sont plus vulnérables aux addictions

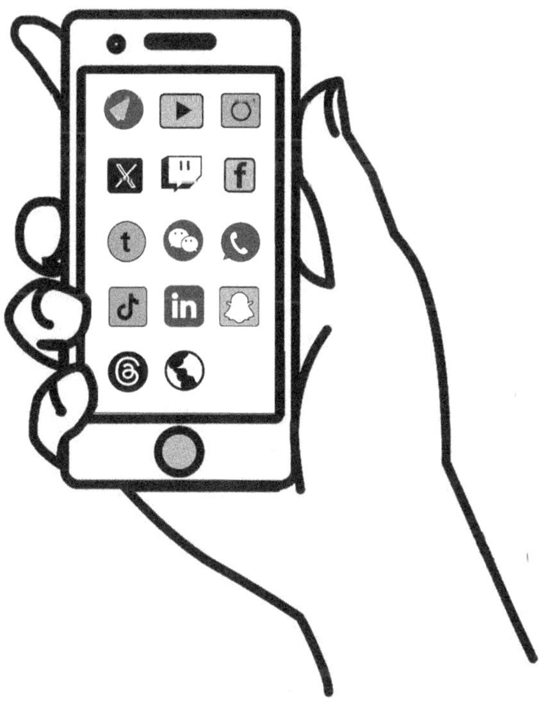

L'adolescence est une phase cruciale du développement du cerveau, lors de laquelle l'individu développe son identité et sa capacité à penser de manière abstraite. Cette période est également marquée par une vulnérabilité accrue à l'apparition de troubles mentaux, en particulier les troubles des conduites alimentaires et les addictions comportementales.

Les adolescents sont particulièrement sensibles aux récompenses sociales pendant cette période critique du développement cérébral.

Peut-on dire que les réseaux sociaux modifient le cerveau des adolescents ?

Des neuroscientifiques de l'Université de Caroline du Nord ont effectué des imageries des cerveaux de collégiens âgés de 12 à 15 ans. Les chercheurs ont découvert que le cerveau des jeunes qui consultaient régulièrement leurs réseaux sociaux évoluait différemment de celui des adolescents moins connectés[1]. Les chercheurs ont photographié pendant 3 ans les changements de la fonction cérébrale en corrélation avec l'usage des réseaux sociaux. Quels furent les résultats ? La sensibilité aux gratifications sociales augmentait dans le temps chez les jeunes qui consultaient régulièrement leurs réseaux sociaux. Pour les adolescents les moins connectés, l'intérêt pour ce type de marque de reconnaissance baissait au cours du temps. Les principales zones du cerveau concernées sur les imageries cérébrales correspondaient

---

1. Maza, M.T., Fox, K.A., Kwon, S., *et al.* (2023). Association of Habitual Checking Behaviors on Social Media With Longitudinal Functional Brain Development. *JAMA Pediatr.* 177(2):160-167. doi:10.1001/jamapediatrics.2022.4924

à celles impliquées dans la motivation, les affects et le contrôle cognitif. Selon cette étude, une exposition importante aux réseaux sociaux, avec une fréquence de connexion supérieure à 15 fois par jour, modifierait la trajectoire du développement des neurones dans ces zones. Et cela modifierait la manière dont les adolescents réagissent à leur environnement.

Qu'est-ce que ça implique? Les adolescents régulièrement connectés aux réseaux sociaux seraient plus réceptifs aux commentaires de leurs pairs, plus sensibles à l'avis des autres. Et donc plus sujets à répondre aux mécanismes de récompense et de punitions sociales. Plus précisément, les adolescents qui utilisent fréquemment les réseaux sociaux développeraient une sensibilité accrue aux récompenses sociales, ce qui peut renforcer leur engagement sur ces plateformes.

Ces résultats doivent être interprétés avec vigilance. Les chercheurs précisent en effet qu'il n'est pas possible de certifier un lien de cause à effet entre réseaux sociaux et modification du cerveau. D'autre part, il n'est pas non plus possible de déterminer si de tels changements seraient nocifs ou bénéfiques – par exemple, s'ils amélioreraient la connexion aux autres ou au contraire conduiraient à un état d'anxiété sociale ou de dépression en cas d'insatisfaction des besoins sociaux.

Une partie de la réponse se trouve peut-être dans le fait que l'impact des réseaux sociaux varie en fonction des expériences personnelles et des habitudes d'utilisation de chaque individu.

L'injonction au tout-positif

En encourageant votre adolescent à documenter et partager sa vie en temps réel, les réseaux sociaux l'encouragent implicitement à vivre une vie excitante vingt-quatre heures sur vingt-quatre. Il est important de prendre conscience de cette pression.

Vous-même, vous la vivez peut-être, ou vous l'avez observée sur vos propres réseaux sociaux? Une pression qui peut amener à un niveau de stress ou d'anxiété significatif chez les jeunes.

Pourquoi les adolescents sont-ils les plus vulnérables à cette injonction au tout-positif?

Une des hypothèses est qu'ils ne réalisent pas encore pleinement que, sur les réseaux sociaux, seuls les moments positifs de la vie sont très souvent mis en avant. Cela conduit à une sorte de compétition constante afin d'afficher la vie la plus enviable par leurs pairs. Cette mise en avant peut aller jusqu'à devenir une condition *sine qua non* pour leur bien-être. Cette compétition associée à d'autres facteurs de risque peut entraîner des conséquences sur leur scolarité ou mener à une souffrance psychologique.

Un cerveau en maturation

Une période de transition sociale

À l'adolescence, des changements rapides se produisent dans la structure cérébrale.

Grégory 15 ans, «n'est pas à prendre avec des pincettes» ce matin. Difficile d'entrer en interaction avec lui selon ses parents. À midi, son amie Julia sonne à la porte, elle vient le chercher pour sortir. À ce moment-là, ses parents ont l'impression que c'est le jour et la nuit. Ou plutôt la nuit et le jour. La voix de Paul, l'expression de son visage, son comportement leur semblent totalement transformés : il est calme, souriant, enjoué. Pourquoi? Parce qu'un adolescent a tendance à rechercher une récompense rapide, liée à son statut social au sein de son groupe de pairs, en conséquence de quoi il se comporte différemment avec ses amis. L'adolescence, c'est une période de transition sociale. L'influence des pairs est déterminante, et devient telle qu'elle bouscule l'équilibre des relations de Paul avec ses parents.

De nouvelles influences et de nouveaux repères

Ces personnes du même âge, comme Julia pour Paul, offrent à l'adolescent de nouveaux points de référence et exercent une influence croissante sur ses goûts. Elles le poussent à développer de nouvelles formes de sociabilité, qui deviennent des signes de son émancipation parentale et de son autonomie culturelle.

L'importance des réseaux sociaux à l'adolescence

Dans ce contexte de transition sociale, les réseaux sociaux deviennent des « marqueurs d'appartenance » que les adolescents se doivent d'arborer. Ils constituent des canaux privilégiés pour le divertissement, la sociabilité et l'accès à l'information.

La conformité et l'individualisation

À travers ces réseaux, les adolescents se conforment aux attentes de leur groupe de pairs tout en personnalisant leurs pratiques. Ils utilisent ces outils pour affirmer leur identité et leur place au sein de leur environnement social. Peut-être percevez-vous maintenant mieux le lien entre adolescence et réseaux sociaux.

Avec cette tendance à rechercher à la fois la conformité (pour « faire comme les autres ») et l'individualisation, l'adolescence est une période marquée par l'expérimentation d'éventuels comportements à risque.

La consommation de drogues

Le cerveau des adolescents a une sensibilité accrue aux substances psychoactives. Les jeunes aiment les sensations fortes, prendre des risques, tester leurs limites.

L'alcool

Selon l'enquête ESCAPAD (Enquête sur la Santé et les Consommations lors de la journée d'Appel et de Préparation à la Défense), « en 2022, l'alcool demeure de loin la substance psychoactive consommée par le plus grand nombre de jeunes Français » avec 81 % des jeunes de 17 ans qui en ont déjà consommé au moins une fois.

Alors que 46 % des jeunes de 17 ans ont déclaré avoir déjà été ivres en consommant des boissons alcoolisées, ils sont 37 % à avoir connu au moins une alcoolisation ponctuelle importante, définie par le fait de boire au moins 5 verres standard (verre servi dans les bars, soit 10 grammes d'alcool pur par verre standard) d'alcool en une seule occasion, au cours des 30 jours précédant l'enquête. De surcroît, 14 % des jeunes ont connu au moins trois de ces épisodes et 7 % au moins 10 au cours des 30 jours précédant l'enquête. »

Le tabac

C'est la seconde substance psychoactive la plus diffusée à l'adolescence après l'alcool : 47 % des jeunes de 17 ans ont déjà fumé. En outre, près de 16 % des jeunes fument des cigarettes tous les jours et ils sont 4 % à en fumer plus de 10 par jour.

Le cannabis

En 2022, le cannabis reste la substance psychoactive illicite la plus consommée par les adolescents français. Près de 3 adolescents sur 10 âgés de 17 ans ont déclaré en avoir déjà fumé au cours de leur vie, tandis que 14 % en avaient consommé au cours des 30 jours précédant l'enquête, 4 % en font un usage régulier (au moins 10 usages dans les 30 derniers jours) et 2 % un usage quotidien.

Pourquoi les jeunes sont plus vulnérables à l'addiction ?

Il y a un fait important qui change la donne. C'est à mon sens, l'information la plus cruciale que je souhaite vous livrer dans mon ouvrage. À votre avis, à partir de quel âge le cerveau devient mature ? Le cerveau ne devient mature qu'à partir de l'âge de... 25 ans !

Une maturation cérébrale à plusieurs vitesses

Les neurones apparaissent à la fin du premier mois de grossesse. À partir de ce moment-là, c'est plus de 3000 neurones qui se créent par seconde ! Après la naissance, l'environnement et l'apprentissage de l'enfant influent de façon majeure sur son développement. Cette influence peut s'avérer bénéfique ou préjudiciable selon la nature et la qualité des interactions. Notre langage corporel et verbal, nos intonations vocales et nos contacts physiques façonnent le développement cérébral de l'enfant.

La maturation du cerveau n'est pas uniforme : certaines zones se développent plus vite que d'autres. À l'adolescence, le système limbique devance le développement d'autres régions cérébrales.

Appelé parfois « cerveau émotionnel », le système limbique se trouve près de la base du cerveau. Le système limbique joue un rôle majeur dans de nombreuses fonctions de l'organisme. Il est impliqué dans la mémoire, et plus spécifiquement dans la consolidation des souvenirs à long terme. Il est aussi impliqué dans l'olfaction car il assure la perception des odeurs et leur connexion à des souvenirs ou à des émotions. Ce système limbique, et c'est ce qui nous intéresse particulièrement, est à l'origine des habiletés sociales et permet un décodage des émotions et des comportements de nos interlocuteurs.

Le système limbique, qui est donc mature chez les adolescents, facilite les relations.

A contrario, d'autres zones du cerveau ne sont matures que vers l'âge de 25 ans. C'est le cas du cortex préfrontal. Cette région cérébrale représente environ 30 % des aires du cortex. Elle est impliquée dans la mémoire de travail, le conditionnement et la valeur de la récompense, l'inhibition des comportements inappropriés, la gestion des conflits et le contrôle cognitif. Le cortex préfrontal est le lieu des fonctions exécutives, impliquant le jugement, la prise de décision et la résolution de problèmes. C'est la région responsable de l'autocontrôle et donc… du contrôle de ses propres émotions. Cela explique que les capacités de raisonnement et de réflexion, l'usage de la pensée critique, la capacité à remettre en question des postulats ainsi que la capacité à contrôler ses propres émotions soient immatures avant l'âge de 25 ans.

Le cerveau d'un adolescent n'est pas celui d'un adulte. Voilà pourquoi leurs comportements sont différents. L'enfant et l'adolescent peuvent être en quelque sorte «débordés» par leur cerveau émotionnel. Dorothée, 15 ans «s'énerve pour des détails», change souvent d'humeur. Lydie, 4 ans pique une colère et ne parvient pas à retrouver le calme seule. Lydie n'est pas capricieuse ni tyrannique. Simplement, dans son cerveau, le cerveau émotionnel prend beaucoup de place. Lydie et Dorothée sont en quelque sorte «dominées» par leurs émotions et leurs impulsions. Rappelez-vous, la zone responsable de la régulation émotionnelle et de la prise de décision, le cortex préfrontal, n'arrive à maturité complète que vers l'âge de 25 ans, voire entre 25 et 30 ans. Cela explique pourquoi les adolescents peuvent avoir du mal à réguler leurs émotions et ressentent les émotions avec beaucoup d'intensité.

L'influence de l'éducation

Pendant l'enfance, les dévalorisations, les humiliations verbales ou physiques (gifle, fessée), vont conduire à un stress qui va entraver la maturation du cortex préfrontal et donc le développement du cerveau. Rebecca Waller, à partir de 30 études sur le sujet, a mis en évidence que les éducations punitives et sévères produisent des conséquences néfastes sur le développement de l'enfant. Les enfants sont plus susceptibles d'être agressifs, anxieux, dépressifs, durs, insensibles. Cela augmente le risque de développer, à l'adolescence et l'âge adulte, des troubles du comportement et des conduites addictives[2].

Au contraire, le fait de transmettre des valeurs, poser des limites avec bienveillance est favorable au développement cérébral de l'enfant.

Allons un peu plus loin.

Qu'est-ce qui favorise une bonne maturation du cerveau de l'enfant ?

Les études montrent que ce sont d'abord l'empathie et la bienveillance.

L'empathie, c'est la capacité à ressentir et comprendre les émotions des autres. Elle implique à la fois la perception des

---

2. Rebecca Waller, Frances Gardner, Luke W. Hyde, "What are the associations between parenting, callous–unemotional traits, and antisocial behavior in youth? A systematic review of evidence", Clinical Psychology Review, Volume 33, Issue 4, 2013, Pages 593-608, ISSN 0272-7358

émotions d'autrui et la capacité à «se mettre à leur place», en imaginant ce qu'ils peuvent penser ou ressentir.

Se montrer soutenant, empathique et bienveillant sont les garants de l'épanouissement de l'enfant et de l'adolescent dans tous les domaines, aussi bien intellectuels que relationnels et affectifs.

Comment accompagner votre adolescent dans cette période de transition et ne pas entraver la maturation de son cortex préfrontal? Il est crucial de favoriser les échanges, de communiquer. Et, pour cela, de saisir toutes les occasions (réseaux sociaux, jeux vidéo, repas, activité sportive, retour de l'école, vacances) pour parler avec votre adolescent. Et avant de parler, commencer simplement par l'écouter sans jugement. Lors de vos conversations, portez une attention entière à ce que votre adolescent vous dit. Ne l'interrompez pas et ne pensez pas à ce que vous allez répondre. Une fois qu'il a terminé de parler, résumez ses propos pour montrer que vous avez vraiment écouté et compris. En pratiquant cette écoute active, il pourra plus facilement vous parler de ce qu'il vit, identifier ses émotions et les verbaliser, mettre des mots sur ses actions.

L'âge de la première exposition

Les régions cérébrales responsables de l'évaluation des risques et de l'autocontrôle n'étant matures que vers 25 ans, ceci peut expliquer certaines tendances chez les adolescents, telles que l'impulsivité, une plus grande sensibilité à la récompense par rapport aux adultes, et donc des difficultés à différer la satisfaction immédiate, ainsi qu'une vulnérabilité accrue aux conduites à risque (prise de substances psychoactives, activité sexuelle non protégée, conduite routière dangereuse). Les comportements «émotionnels» prédominent sur les comportements «raisonnables» à cause des difficultés à réguler leurs émotions ou encore à maîtriser leur comportement.

C'est pour cela que l'âge de début des consommations est un facteur important à prendre en compte. Plus la consommation débute tôt, plus les risques de développer une consommation problématique ou une addiction sont élevés. Et plus la consommation débute tôt, plus les effets de la substance seront délétères. Le cannabis par exemple, favorise l'apparition de troubles cognitifs, tels que des difficultés de concentration, lesquels affectent le niveau scolaire mais produisent aussi des crises d'angoisse ou encore des complications neuropsychiatriques, voire des troubles psychotiques.

Est-ce pareil pour l'alcool ?

Oui, une consommation précoce augmente aussi le risque de survenue d'une addiction à l'alcool à l'âge adulte. Les atteintes neurologiques peuvent être irréversibles. Des troubles de la concentration et de la mémoire, des difficultés d'apprentissage peuvent apparaître.

Il faut le dire et le redire et ne pas banaliser ces comportements. L'alcool, ça n'a rien d'anodin ! L'alcool, ça ne rend pas malades que les plus âgés. Oui, ça tue lentement mais ça peut aussi tuer très vite les plus jeunes. Accidents de la voie publique, coma éthylique… Saviez-vous qu'une part importante des noyades en France est liée à des alcoolisations ?

Dire aux jeunes qu'en consommant de l'alcool, ils risquent de mourir dans 30 ans d'un cancer du foie ou d'une cirrhose, ça ne fonctionne pas vraiment. En revanche, leur expliquer les risques de décès à plus court terme par accident, leur expliquer comment fonctionne la substance dans le corps, ça peut parfois être un levier.

Et pour les réseaux sociaux ?

C'est pareil. Leur dire que ça peut altérer leur santé mentale ne suffit pas. Leur expliquer comment ça fonctionne avec les algorithmes, l'injonction au tout-positif, ça peut être une porte d'entrée pour une discussion. En parler à la maison, y compris durant la préadolescence, c'est important.

L'influence des pairs

Les adolescents se mettent souvent plus en danger que les adultes. Ces comportements à risque s'expliquent en partie par la moindre «résistance» des adolescents à l'influence de leurs pairs. Ils ressentent un besoin particulièrement vif d'être avec leurs pairs, physiquement ou virtuellement, d'obtenir leur approbation, d'appartenir au groupe.

Et cela se voit bien à travers ce phénomène : plus tu as été liké, plus tu seras liké! Eh oui, il semble que les photos qui obtiennent le plus de like, soient celles qui sont les plus enclines à être likées par un adolescent, quel que soit le contenu de la photo. Pourquoi? Une étude a montré, grâce à l'IRM, que regarder des photos qui ont reçu de nombreux likes active les neurones du système de récompense, mais aussi ceux de l'imitation, de l'attention et de la cognition sociale[3].

La cognition sociale est la manière dont nous comprenons, interprétons et interagissons avec les autres. Elle recouvre les processus mentaux que nous utilisons pour percevoir, interpréter et répondre aux comportements des autres. Cela inclut la reconnaissance des visages, la compréhension des émotions et la prise de décisions dans des contextes sociaux. La cognition sociale commence à se développer très tôt dans la vie. Les bébés, par exemple, apprennent à reconnaître les expressions faciales de leurs parents et à réagir en conséquence.

Or les adolescents sont particulièrement sensibles à l'influence de leurs pairs et à la recherche d'approbation sociale sur les réseaux sociaux. C'est comme être sur une scène, où chaque like et commentaire positif est un applaudissement qui paraît renforcer leur confiance en eux.

---

3. Sherman, L.E., Greenfield, P.M., Hernandez, L.M., Dapretto, M. (2018). Peer influence via Instagram: Effects on brain and behavior in adolescence and young adulthood. *Child Development*, 89(1), 37-47.

«Quand je vois que mes photos reçoivent beaucoup de likes, je me sens vraiment bien, comme si j'avais réussi quelque chose d'important.» Anaïs, 16 ans

Cette quête d'appartenance au groupe est une manifestation de leur cognition sociale en développement.

Une étude en neuro-imagerie a montré que lorsque les adolescents voient des photos avec beaucoup de likes sur les réseaux sociaux, les régions cérébrales liées au traitement de la récompense sociale sont particulièrement activées. C'est le cas en particulier du striatum, un groupe de neurones dans la partie profonde du cerveau, qui agit comme un centre de contrôle des récompenses, un peu comme une salle de commande dans un parc d'attractions, qui décide quelles activités sont les plus gratifiantes et motivantes pour nous. Les adolescents sont hypersensibles aux signaux de récompense sociale en ligne, bien plus que les adultes.

De plus, les adolescents ont tendance à être plus influencés par le comportement de leurs pairs en ligne. S'ils voient leurs amis partager des contenus liés à la consommation d'alcool ou de drogues, par exemple, ils seront plus enclins à adopter ces comportements à risque.

«C'est comme si tout le monde autour de moi faisait la même chose, et je ne veux pas être laissé de côté.» Léon, 13 ans.

Une question de genre?

Les femmes sont plus touchées par l'addiction aux réseaux sociaux que les hommes, d'après une étude réalisée par Ramsay Santé. Parmi les participants se déclarant dépendants, 43 % sont des femmes contre 29 % des hommes. Cette différence peut s'expliquer par divers facteurs, dont les modalités d'usage et les types de contenus consultés qui diffèrent selon le sexe.

L'impact des réseaux sociaux sur le bien-être diffère chez les jeunes femmes et les jeunes hommes, selon l'étude ExpressVPN menée chez des jeunes âgés de 16 à 24 ans. Les jeunes femmes sont plus susceptibles de ressentir des effets négatifs tels que l'anxiété, la dépression ou une faible estime de soi, en raison de leur utilisation des réseaux sociaux. Par exemple, 50 % des jeunes femmes déclarent que les réseaux sociaux augmentent leur anxiété, contre 34 % des jeunes hommes.

Les femmes pourraient être plus sensibles à l'image de soi et à la validation sociale, ce qui les rend plus vulnérables aux effets négatifs des réseaux sociaux. En effet, des études montrent que les jeunes femmes sont plus susceptibles de supprimer des publications qui n'ont pas reçu suffisamment de likes, et de se sentir préoccupées par leur image en ligne. Ces comportements peuvent conduire à une utilisation excessive des réseaux sociaux, augmentant ainsi le risque d'addiction.

Les femmes risquent donc davantage de développer une addiction aux réseaux sociaux que les hommes. Il est important de prendre en compte ces particularités dans les stratégies de prévention et d'intervention concernant l'addiction aux réseaux sociaux.

L'addiction favorise… l'addiction

Je vous l'ai dit, les jeunes sont plus vulnérables à l'usage des réseaux sociaux, à la consommation de drogues, mais aussi à la polyconsommation. Et la consommation de plusieurs produits n'additionne pas les risques. Elle les multiplie !

La consommation de produits peut entraîner des conséquences sur le parcours scolaire, sur le traitement des informations émotionnelles et donc sur l'usage des réseaux sociaux.

C'est pourquoi il est crucial, en addictologie, d'adopter une approche centrée sur les comportements, et les modes d'usage, plutôt que de se focaliser uniquement sur les substances ou les supports spécifiques, comme les écrans ou les réseaux sociaux. Quand Pascal, 18 ans, vient me voir en consultation parce qu'il consomme du cannabis et qu'il se sent en difficulté, je lui pose des questions sur d'éventuelles consommations d'autres substances psychoactives, sur l'usage des réseaux sociaux, les jeux de hasard et d'argent, les jeux vidéo, la sexualité, etc.

Pourquoi? Parce que dans le domaine des addictions, la polyaddiction est plus la règle que l'exception. En consultation, je rencontre plus fréquemment des personnes souffrant de polyaddictions que de monoaddictions. Ma mission est de me poser la question : qu'est-ce qu'il y a derrière ces comportements, ces mésusages? Quelle est la fonction de ce comportement? Pourquoi cette personne ressent-elle le besoin de répéter sa consommation ou son comportement? Pourquoi bascule-t-elle dans l'addiction? Pourquoi a-t-elle une addiction?

Finalement, l'addiction aux réseaux sociaux, ça ne veut rien dire. On devrait parler d'addiction derrière les réseaux sociaux. C'est la même chose pour les écrans.

Chapitre 7

Qu'en dit la médecine ?

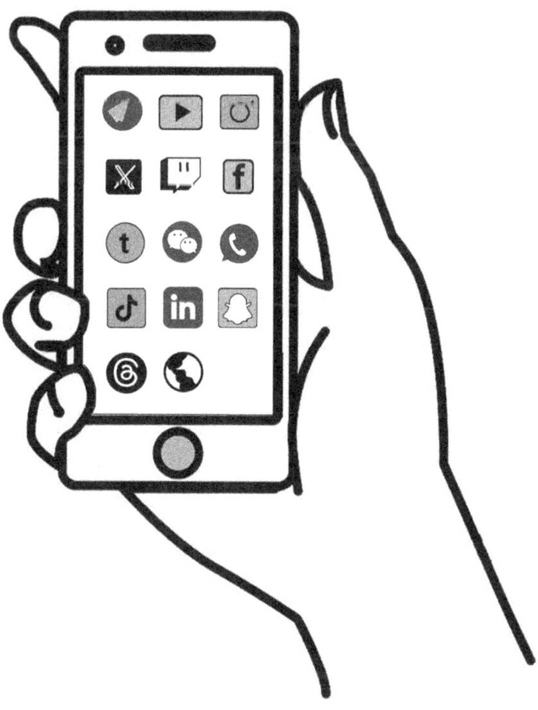

Addict sans drogue, c'est possible ?

Dans le guide professionnel de référence en santé mentale, une nouvelle catégorie de troubles dits « troubles sans substances » est apparue aux côtés des « troubles associés à une substance et troubles addictifs ». Actuellement, seul le trouble lié au jeu d'argent ou jeu d'argent pathologique y est reconnu comme une addiction comportementale. Quant à l'OMS (Organisation mondiale de la Santé), elle reconnaît l'existence du trouble du jeu vidéo ou *gaming disorder*.

L'addiction comportementale ou sans substance, c'est l'impossibilité répétée de contrôler un comportement visant à produire du plaisir ou à écarter une sensation de malaise interne. C'est aussi la poursuite de ce comportement malgré la connaissance de ses conséquences négatives.

Ce qui définit l'addiction, ça n'est pas le temps passé à effectuer le comportement ! C'est quand le comportement entraîne des répercussions négatives. Par exemple, une rupture des liens sociaux réels.

L'addiction aux réseaux sociaux existe-t-elle ?

L'addiction aux réseaux sociaux n'est pas officiellement reconnue dans les classifications internationales actuelles.

Bien que des chercheurs s'intéressent aux comportements excessifs liés aux réseaux sociaux, ceux-ci ne sont pas encore considérés comme une addiction ou un trouble à part entière.

Des études complémentaires sont nécessaires pour mieux comprendre et définir ces comportements avant d'envisager leur reconnaissance formelle en tant que trouble addictif spécifique[1].

Selon certaines chercheurs, l'addiction aux réseaux sociaux est une réalité médicale et des études montrent l'implication du système de récompense dans l'addiction aux réseaux sociaux. Des études ont mis en évidence que le flux constant de réactions, de likes et de partages conduit à la même réaction chimique dans la zone de récompense du cerveau que des drogues comme la cocaïne.

Addict aux réseaux, ça veut dire quoi ?

En cas d'addiction, les réseaux sociaux sont utilisés en premier recours pour échanger avec les autres au lieu de communiquer en personne. On observe aussi une navigation et des interactions compulsives sur les réseaux sociaux, la visualisation de vidéos à la chaîne, autant d'activités qui prennent la place d'autres activités dans le monde hors ligne.

Les patients en difficulté avec l'usage des réseaux sociaux décrivent des signes communs à ceux des addictions « classiques »[2].

---

1. Courbet, D., Fourquet-Courbet, M.-P., Amato, S. (2020). Addictions et comportements problématiques liés à Internet et aux réseaux sociaux : Synthèse critique des recherches et nouvelles perspectives. *ESSACHESS – Journal for Communication Studies*, 13 (1), 209-235. hal-02616325
2. Ergün, G., Alkan, A. (2020). The Social Media Disorder and Ostracism in Adolescents: (OSTRACA- SM Study). *Eurasian J Med, 52*(2), 139-44.

CONTTROLE

En l'absence de critères diagnostiques officiels, j'ai conçu l'acronyme CONTTROLE afin de 1) repérer les signes en faveur d'une addiction aux réseaux sociaux et de 2) différencier un usage excessif non problématique d'un usage problématique.

C pour CRAVING

Le *craving*, c'est le besoin, le désir, la pulsion, l'envie toujours doublée d'un caractère impérieux et irrépressible de surfer sur les réseaux sociaux alors qu'on ne le veut pas à ce moment-là.

> **«Je ne peux pas m'empêcher de vérifier mon téléphone toutes les cinq minutes, même en pleine nuit. L'envie de voir les nouvelles notifications est si forte que je ressens une véritable angoisse si je ne le fais pas immédiatement.»**

O pour OBSESSION

La personne est préoccupée, de façon obsédante, par les réseaux sociaux et l'activité en ligne.

> **«Je pense constamment à ce qui se passe sur les réseaux sociaux. Même en classe, je me demande ce que mes amis publient ou si j'ai reçu de nouveaux likes ou commentaires.»**

N pour NÉCESSITÉ CROISSANTE

L'adolescente ressent :

- une tension psychique avant de se connecter, puis un bien-être durant la connexion sur les réseaux sociaux;
- un phénomène de tolérance conduisant à une augmentation du temps passé en ligne.

- des signes de sevrage en cas d'arrêt : irritabilité, frustration, colère et anxiété.

«Au début, je pouvais passer une heure sur un réseau social sans problème. Mais maintenant, je dois y passer des heures pour ressentir la même satisfaction. C'est comme si j'avais besoin de plus en plus de temps pour obtenir le même plaisir.»

«J'ai essayé de faire une pause réseaux sociaux pendant une semaine, mais c'était vraiment difficile. J'étais irritable, anxieuse et je me sentais déprimée. J'avais constamment envie de vérifier ce qui se passait sur les réseaux sociaux. Finalement, j'ai craqué au bout de trois jours.»

T pour TENTATIVES INFRUCTUEUSES

Malgré un désir ou des efforts persistants pour diminuer ou arrêter sa connexion aux réseaux sociaux, l'adolescent n'y parvient pas.

«J'ai essayé plusieurs fois de réduire le temps passé sur les réseaux sociaux. J'ai désinstallé les applis, mais au bout de quelques jours, je les réinstalle toujours. Chaque fois que je me dis que cette fois-ci, c'est la bonne, mais je finis par céder à la tentation. L'envie de voir ce que mes amis postent et de ne pas manquer les dernières news est trop forte. Malgré tous mes efforts, je n'arrive pas à me déconnecter pour de bon.»

T pour TEMPS

La connexion aux réseaux sociaux dure plus longtemps que ce qui est planifié.

«Je me connecte juste pour checker vite fait mes notifs, et d'un coup je réalise que ça fait 3 heures que je scrolle. C'est ouf, j'ai l'impression que le temps passe trop vite quand je suis sur mon tél.»

R pour RÉPERCUSSIONS

L'usage des réseaux sociaux entraîne des problèmes physiques, psychologiques, ou sociaux. L'adolescent poursuit l'usage bien qu'il ait conscience des conséquences. Il y a une altération du fonctionnement de l'individu dans différentes sphères de la vie : baisse des «performances» scolaires, isolement social, troubles du comportement, conflits familiaux ou amicaux, problèmes de santé physique et mentale.

«Je me suis embrouillé plusieurs fois avec mes amis à cause des réseaux sociaux. Parfois, des malentendus ou des commentaires mal interprétés peuvent créer des tensions. C'est difficile de gérer ces situations en ligne.»

«Je sais que passer autant de temps sur les réseaux sociaux m'empêche de dormir. Je me sens de plus en plus anxieuse et déprimée en me comparant constamment aux autres. Je préfère rester dans ma chambre et être sur les réseaux sociaux plutôt que de sortir avec mes amis. Malgré ça, je n'arrive pas à m'en détacher.»

O pour OBLIGATION

La personne se trouve dans l'incapacité de remplir des obligations importantes, par exemple familiales, scolaires, conjugales ou professionnelles.

«Franchement, j'essaie de me concentrer sur mes devoirs, mais c'est impossible. Je suis tellement absorbée par les réseaux sociaux que mes notes chutent grave. Même à la maison, mes parents sont super vénères parce que je ne fais plus rien à la maison, même pas ranger ma chambre. Et j'ai raté plusieurs réunions de famille.»

L pour LOISIRS

Il y a une perte d'intérêt pour les loisirs et activités antérieurs qui sont réduits ou abandonnés au profit de l'usage des réseaux sociaux.

«Avant j'adorais faire du cheval et aller au cinéma avec mes potes. Mais maintenant, je préfère rester à la maison et passer du temps sur les réseaux sociaux.»

E pour ÉVASION

L'adolescent navigue sur les réseaux sociaux pour soulager une humeur négative, pour lutter contre les stress ou fuir des soucis personnels. Parfois jusqu'à la rupture des liens sociaux réels et au retrait social.

«Quand je suis stressée ou que je me dispute avec mes parents, je fonce sur les réseaux sociaux. C'est comme un refuge où je peux oublier mes problèmes.»

«Les réseaux sociaux me permettent de m'évader de la réalité. Quand je suis en ligne, je peux être quelqu'un d'autre, quelqu'un de plus cool et de plus populaire.»

«Depuis que je passe tout mon temps sur les réseaux sociaux, j'ai perdu contact avec mes amis de l'école. Je préfère rester dans ma chambre à discuter en ligne plutôt que de sortir avec eux, et maintenant, je me sens de plus en plus isolée et seule.»

CONTTROLE pour...

Il manque encore un signe important. Je vous en déjà parlé. Le nom de l'acronyme peut vous aider à le retrouver. C'est le contrôle. Le signe clé dans l'addiction, c'est la perte de contrôle du comportement. Perte de contrôle du temps passé, et parfois de l'argent dépensé.

«Parfois, je me surprends à le faire sans même m'en rendre compte. C'est devenu un réflexe, une habitude que j'ai du mal à contrôler.»

Si vous identifiez certaines de ces manifestations chez votre adolescent, il souffre peut-être d'une addiction aux réseaux sociaux. Abordez le sujet avec lui et parlez-en à votre médecin. Le diagnostic des addictions officiellement reconnues est posé lorsque les symptômes persistent pendant une période d'au moins 12 mois.

Consulter un spécialiste

Comment se passe en général l'échange d'un adolescent avec un professionnel de santé spécialisé en addictologie? Le médecin posera de nombreuses questions et particulièrement sur les points précis que voici[3].

L'histoire récente de la maladie

L'évolution récente des problèmes, l'utilisation d'internet, des réseaux sociaux, un éventuel cyberharcèlement, la recherche par l'adolescent d'informations en ligne sur ces problèmes.

---

3. Traduction française du tableau 1 de l'article de Carson, N.J., Gansner, M., Khang, J. (2018). Assessment of digital media use in the adolescent psychiatric evaluation. *Child Adolesc Psychiatr Clin N Am,* 27(2), 133-43. Publié dans Robert, N., Godart, N. (2023).Social media and teenagers'mental health. *La Revue du Praticien Médecine Générale,* 73(3), 257-266.

Les antécédents psychiatriques

L'adolescent s'est-il déjà fait aider pour un usage problématique d'internet ou des réseaux sociaux? A-t-il déjà souffert de problèmes psychiatriques?

Les antécédents médicaux

L'impact des technologies sur le sommeil, la santé physique.

La scolarité

L'utilisation du téléphone portable en classe et l'impact des réseaux sociaux sur les devoirs et les résultats scolaires.

Les interactions sociales

Les modes de communication en ligne, les sites et applications favoris, le type de contenu consulté et les difficultés sociales liées.

La sexualité

Les relations romantiques, sexuelles en ligne, la consommation de contenus sexuels et l'impact sur la sexualité.

Un examen clinique psychiatrique

Le comportement de l'adolescent, ses problèmes et préoccupations liés aux technologies.

Le développement

Le médecin demandera aux parents des renseignements sur le développement de l'enfant, ses activités préférées, ses centres d'intérêt en ligne.

Un entretien est proposé en présence des parents ou des aidants de l'adolescent. Cela permet d'aborder les règles familiales en termes d'hygiène numérique, les conflits liés au numérique et l'impact de l'usage des réseaux sociaux sur l'adolescent.

Pour résumer, l'usage des réseaux sociaux peut être source de perte de contrôle et d'addiction. L'addiction aux réseaux sociaux n'est pas reconnue actuellement comme une addiction par les classifications internationales même si son usage comporte des caractéristiques similaires à celles observées dans les addictions comportementales reconnues.

De nombreux parents me disent souvent : «Je viens vous consulter parce que mon adolescent est addict' aux réseaux sociaux. Il y passe beaucoup de temps.» Je comprends parfaitement l'inquiétude de ces parents, cependant un usage intensif n'est pas forcément le signe d'une conduite addictive.

⚠ La fréquence et la durée de l'usage ne sont pas de bons indicateurs pour considérer qu'il y a une addiction.

Des personnes peuvent passer plusieurs heures par jour sur les réseaux sociaux et cela sans retentissements dans leurs activités au quotidien. Elles ont un usage intensif qui n'est pas pathologique.

Voulez-vous savoir quelle est ma préoccupation essentielle dans mes consultations? M'intéresser à la fonction du réseau social dans la vie de la personne. Quel est le sens de la conduite addictive et qu'est-ce qu'elle remplit comme fonction psychique? Est-ce par exemple une stratégie mise en place pour faire face à d'autres difficultés comme des troubles émotionnels ou psychiques débutants (dépression, troubles anxieux) ou à un événement traumatique (divorce, deuil, violence)? En effet, chez certaines personnes fragilisées par des éléments psychologiques ou sociaux, les réseaux sociaux peuvent être utilisés comme un refuge face aux problèmes de la vie quotidienne ou aux souffrances psychiques. L'usage peut alors devenir problématique avec une perte de contrôle.

Voilà ce que j'aimerais dire à tous les parents qui s'inquiètent du temps passé par leurs adolescents sur les réseaux sociaux : oui, l'omniprésence du numérique dans notre quotidien soulève des interrogations quant à son influence sur notre bien-être psychologique et nos interactions sociales. Il serait réducteur de considérer uniquement la durée d'utilisation comme facteur déterminant. En réalité, la nature et la qualité des activités en ligne jouent un rôle crucial. Prenons l'exemple des jeux en ligne : certains jeunes, en s'investissant dans une communauté virtuelle structurée comme une guilde, peuvent y trouver un espace d'épanouissement et de socialisation. Ces expériences peuvent nourrir, bonifier leur vie psychique et sociale, en leur offrant un sentiment d'appartenance et des responsabilités. À l'inverse, une utilisation moins construite et plus solitaire des technologies pourrait potentiellement affamer, affaiblir les relations sociales, même si le temps passé en ligne est moindre. Il est donc essentiel de nuancer notre approche : les passions, qu'elles soient numériques ou non, ont le potentiel de nourrir nos vies. Cependant, les comportements addictifs, eux, risquent de l'affaiblir.

En résumé, voici les questions essentielles à se poser, à soi-même et à son adolescent, concernant l'usage des réseaux sociaux :

- Est-ce que ça me/te pose un problème?

- Est-ce que ça nourrit ma/ta vie comme le fait ma/ta passion pour… ou est-ce que ça affaiblit ma/ta vie ?

Et si, vous faisiez un petit test pour évaluer votre risque d'addiction aux réseaux sociaux ou celui de votre adolescent ? Vous avez tout ce qu'il faut pour cela dans le chapitre suivant.

Chapitre 8

Votre adolescent risque-t-il de développer une addiction ? Faites le test !

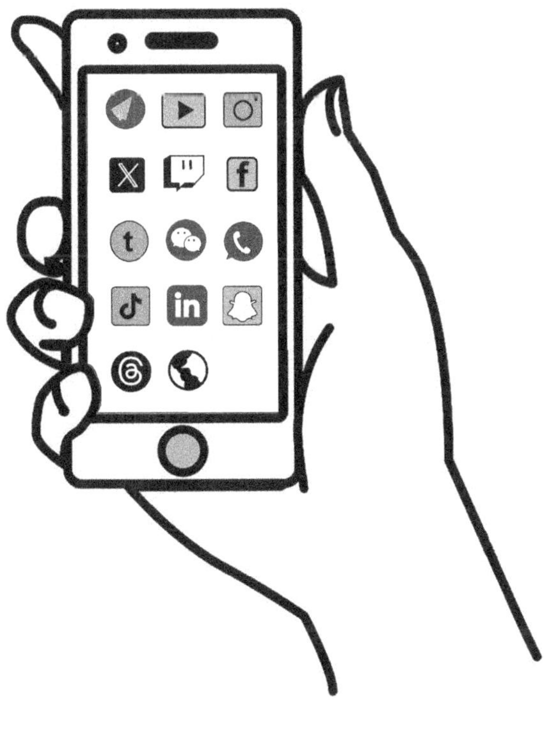

Est-ce que votre première action au réveil est de consulter les réseaux sociaux? Si oui, cela va-t-il jusqu'à scroller pendant de nombreuses minutes à travers les fils d'actualité de vos applications préférées, vous déconnectant du fil de votre journée? D'ailleurs, saviez-vous que le terme «scroller» vient de l'action de faire tourner le verrou d'une prison?

Un premier test

Et si vous commenciez par évaluer votre propre risque de dépendance aux réseaux sociaux? Ça peut être un bon départ pour aborder ensuite le sujet des réseaux sociaux avec votre enfant. «Tiens, tu sais, je viens de passer un test pour évaluer mon utilisation des réseaux sociaux.»

Peut-être que votre adolescent est déjà prêt à faire ce test lui-même. Vous pouvez d'ores et déjà lui proposer cet ouvrage et l'encourager à répondre aux questions suivantes.

Je vous propose de répondre à six questions, dans l'ordre où vous les lisez[1].

1. Échelle d'Addiction aux Réseaux Sociaux (EARS) (Simion, O. Dorard, G. (2020). L'usage problématique des réseaux sociaux chez les jeunes adultes : quels liens avec l'exposition de soi, l'estime de soi sociale et la personnalité?, *Psychologie Française*, 65, 3, 243-259, ISSN 0033-2984).

	Très rarement	Rarement	Parfois	Souvent	Très souvent
Vous passez beaucoup de temps à penser aux réseaux sociaux ou à ce que vous allez faire sur les réseaux sociaux ?					
Vous avez envie d'utiliser toujours plus les réseaux sociaux ?					
Vous utilisez les réseaux sociaux pour oublier vos problèmes personnels ?					
Vous avez déjà essayé de réduire votre utilisation des réseaux sociaux, sans succès ?					
Vous devenez agité ou anxieux si vous êtes dans l'impossibilité d'utiliser les réseaux sociaux ?					
Vous êtes tellement sur les réseaux sociaux que cela a un impact négatif sur votre travail ou vos études ?					
Total					

Vous avez répondu aux six questions?

Je vous propose de faire les comptes.

Additionnez vos points à chaque réponse :

- Très rarement = 1 point
- Rarement = 1 point
- Parfois = 1 point
- Souvent = 2 points
- Très souvent = 2 points

• **Vous avez un score entre 6 et 9 inclus** : votre usage des réseaux sociaux ne semble pas problématique.

• **Vous avez un score entre 10 et 12** : votre usage des réseaux sociaux est peut-être problématique.

J'insiste sur ce point. Ce questionnaire, et les questionnaires qui vont suivre, ne remplacent en rien une consultation. Écoutez-vous. Si vous ou votre adolescent vous sentez en difficulté avec l'usage des réseaux sociaux, faites appel à un professionnel de santé.

Un second test

Ce premier test a suscité votre intérêt?

Et si vous alliez plus loin en testant votre usage d'internet grâce au test IAT (*internet addiction test*)[2]?

C'est parti!

---

2. Version française du *Internet Addiction Test* (IAT) de Kimberly Young Khazaal, Y., Billieux, J., Thorens, G., Khan, R., Louati, Y., Scarlatti, E., Theintz, F., Lederrey, J., Van Der Linden, M., Zullino, D. (2008). French validation of the internet addiction test. *Cyberpsychol Behav.* 11(6), 703-6. doi: 10.1089/cpb.2007.0249. PMID: 18954279

Répondez aux questions suivantes en utilisant cette échelle :

- 0 : ne s'applique pas
- 1 : rarement
- 2 : occasionnellement
- 3 : fréquemment
- 4 : souvent
- 5 : toujours

Questions	Échelle
1. Vous arrive-t-il de rester sur internet plus longtemps que vous en aviez l'intention au départ ?	1 2 3 4 5 0
2. Vous arrive-t-il de négliger des tâches ménagères afin de passer plus de temps sur internet ?	1 2 3 4 5 0
3. Vous arrive-t-il de préférer l'excitation/l'amusement d'internet à l'intimité de votre partenaire ?	1 2 3 4 5 0
4. Vous arrive-t-il d'avoir de nouvelles relations avec des utilisateurs d'internet ?	1 2 3 4 5 0
5. Vos proches vous reprochent-ils de passer trop de temps sur internet ?	1 2 3 4 5 0
6. Arrive-t-il que vos notes ou vos devoirs scolaires souffrent du temps que vous passez sur internet ?	1 2 3 4 5 0
7. Vous arrive-t-il de regarder d'abord votre messagerie avant d'accomplir une chose nécessaire et urgente ?	1 2 3 4 5 0
8. Arrive-t-il que vos performances au travail ou votre productivité souffrent à cause d'internet ?	1 2 3 4 5 0
9. Vous arrive-t-il d'être sur la défensive ou de refuser de répondre si quelqu'un vous demande ce que vous faites sur internet ?	1 2 3 4 5 0
10. Vous arrive-t-il de chasser les soucis de votre vie quotidienne par la pensée réconfortante d'aller sur internet ?	1 2 3 4 5 0
11. Vous arrive-t-il de vous réjouir du moment où vous irez de nouveau sur internet ?	1 2 3 4 5 0
12. Vous arrive-t-il de penser que la vie sans internet serait ennuyeuse, vide et sans joie ?	1 2 3 4 5 0

Questions	Échelle
13. Vous arrive-t-il de répondre d'un ton brusque, de crier ou de vous montrer agacé si quelqu'un vous dérange pendant que vous êtes sur internet ?	1 2 3 4 5 0
14. Vous arrive-t-il de manquer de sommeil parce que vous êtes resté tard sur internet ?	1 2 3 4 5 0
15. Lorsque vous n'êtes pas sur internet, vous arrive-t-il d'y penser activement ou de rêver y être ?	1 2 3 4 5 0
16. Vous arrive-t-il de vous dire « juste encore quelques minutes » lorsque vous êtes sur internet ?	1 2 3 4 5 0
17. Vous arrive-t-il d'essayer de diminuer le temps que vous passez sur internet sans y arriver ?	1 2 3 4 5 0
18. Vous arrive-t-il de cacher aux autres combien de temps vous avez passé sur internet ?	1 2 3 4 5 0
19. Vous arrive-t-il de choisir de passer plus de temps sur internet plutôt que de sortir avec des proches ?	1 2 3 4 5 0
20. Vous arrive-t-il de vous sentir déprimé, de mauvaise humeur ou énervé lorsque vous n'êtes pas sur internet, puis de vous sentir mieux lorsque vous y êtes ?	1 2 3 4 5 0

Additionnez vos points obtenus à chaque question. Vous obtenez votre score total.

- **Score inférieur à 20** : votre usage d'internet ne semble pas être problématique.
- **Score de 20 à 49 points** : vous êtes un utilisateur « moyen » d'internet. Vous surfez un peu trop longtemps parfois, mais vous gardez le contrôle de votre utilisation. Votre usage d'internet ne semble pas être problématique.
- **Score de 50 à 79 points** : votre usage semble problématique, avec de possibles conséquences sur votre vie. Vous rencontrez des problèmes occasionnels ou fréquents en raison de votre temps passé sur internet. Vous devriez considérer leur impact sur votre vie quotidienne.
- **Score de 80 à 100 points** : votre usage d'internet semble problématique et a des répercussions importantes sur votre vie.

C'est quoi la cyberdépendance ?

On peut dire que l'addiction aux réseaux sociaux est une forme de cyberdépendance.

La cyberdépendance ou dépendance à internet consiste en une utilisation récurrente et persistante des applications d'internet. Cet usage devient une conduite difficilement contrôlable et entraîne des souffrances significatives.

Les personnes cyberdépendantes souffrent d'un trouble lié à l'usage d'internet et plus particulièrement aux activités qui ne peuvent avoir lieu que sur internet, comme les réseaux sociaux. La perte de contrôle est un critère important.

> **«Je souhaite aller moins sur les réseaux sociaux mais je n'y arrive pas.»**

L'adolescent ou l'adulte cyberdépendant fait des efforts pour diminuer ou arrêter l'utilisation d'internet sans y parvenir et ressent le besoin de rester en ligne plus longtemps que prévu. Pour parler de dépendance, il doit y avoir des conséquences négatives liées à ce comportement. L'adolescent peut s'isoler, avoir des difficultés à dormir, se sentir fatigué, voire épuisé.

La cyberdépendance peut prendre des formes variées :

- Achats compulsifs en ligne.
- Jeux en ligne. Il peut s'agir de jeux vidéo, de jeux de hasard et d'argent (poker en ligne, etc.) ou encore d'applications mobile.
- Activités sexuelles en ligne.
- Cyberrelations ou relations virtuelles.

  Les relations initiées ou entretenues via internet et les nouvelles technologies (sites de rencontre, réseaux sociaux, conversations en ligne en temps réel, webcams, échanges via courriel) sont priorisées sur les relations sociales hors ligne.

- Et bien sûr… réseaux sociaux!

Petite pause séries

Le *binge watching* (visionnage compulsif, en rafale, en français), c'est quoi?

Dérivé de l'expression *binge drinking*, qui fait référence à la consommation excessive d'alcool en une seule fois, le *binge watching* implique une consommation excessive de contenu audiovisuel. Cette pratique consiste à regarder plusieurs épisodes d'une même série de manière consécutive, souvent pendant de longues périodes. Le *binge watching* a été favorisé par le développement de certaines plateformes et la période des confinements. D'autant que les caractéristiques de ces applications, à l'instar des réseaux sociaux favorisent également la perte de contrôle et la consommation intensive :

- accessibilité immédiate;
- disponibilité d'une série complète;
- petit résumé à la fin de chaque épisode pour donner envie de voir le suivant;
- déclenchement automatiquement de l'épisode suivant après quelques secondes si l'on ne stoppe pas.

On peut donc observer des usages intensifs pour réguler les émotions désagréables, le stress, l'angoisse.

Est-ce une addiction?

Pas toujours. Selon certaines études, le visionnage intensif de séries ne présente pas nécessairement les caractéristiques des conduites addictives, comme la perte de contrôle et les conséquences dans la vie quotidienne. Tout comme pour les jeux vidéo et les réseaux sociaux.

Un troisième test

Si votre adolescent souhaite faire le point sur ses habitudes, il peut être utile de repérer un usage nocif de substances psychoactives, en particulier l'alcool ou le cannabis. Pour cela, je vous propose le test ADOSPA (ADOlescents et Substances Psycho-Actives) en 6 questions[3]. Mais avant tout, qu'est-ce que l'usage nocif? C'est un mode de consommation répété qui entraîne des méfaits sur le plan physique, affectif, psychologique ou social.

Questions	Oui	Non
Êtes-vous déjà monté(e) dans un véhicule (auto, moto, scooter) conduit par quelqu'un (vous y compris) qui avait bu ou qui était défoncé(e) ?		
Utilisez-vous de l'alcool ou d'autres drogues pour vous détendre, vous sentir mieux ou tenir le coup ?		
Avez-vous déjà oublié des choses que vous deviez faire (ou fait des choses que vous n'auriez pas faites) quand vous utilisez de l'alcool ou d'autres drogues ?		
Consommez-vous de l'alcool et d'autres drogues quand vous êtes seul(e) ?		
Avez-vous déjà eu des problèmes en consommant de l'alcool ou d'autres drogues ?		
Vos amis ou votre famille vous ont-ils déjà dit que vous deviez réduire votre consommation de boissons alcoolisées ou d'autres drogues ?		

Votre adolescent a répondu oui à au moins deux questions? Ses réponses indiquent un potentiel usage nocif de substances psychoactives.

Parlez-en à un professionnel de santé.

3. Karila L, Legleye S, *et al.* (2007). Validation d'un questionnaire de repérage de l'usage nocif d'alcool et de cannabis dans la population générale : le CRAFFT ADOSPA. La Presse Médicale, 36(4): 582-590.

Vous pouvez aussi vous rendre à une consultation jeunes consommateurs (CJC). Tous les problèmes d'addiction, comme ceux liés à l'alcool, au cannabis, aux jeux vidéo, à internet... peuvent y être abordés.

Ces consultations sont destinées aux jeunes âgés de 12 à 25 ans qui rencontrent des difficultés ou se posent des questions sur leur consommation ou leurs pratiques. Les CJC accueillent également l'entourage qui se préoccupe de la consommation ou des pratiques d'un jeune.

On les trouve dans la quasi-totalité des départements français. L'accueil est gratuit et confidentiel.

Connectez-vous sur le site de drogues-info-service.fr ou appelez Drogues info service pour être orienté en fonction de vos besoins au 0 800 23 13 13, de 8h à 2h, 7 jours sur 7, appel anonyme et gratuit.

Petite pause hyperconnexion

La dépendance aux réseaux sociaux fait émerger de nouveaux troubles et de nouveaux termes. Je vous propose un petit focus sur la «terminologie connectée».

FOMOPHOBIE

C'est l'anxiété liée au FOMO (*Fear Of Missing Out*) : la peur de manquer un événement.

NOMOPHOBIE

La nomophobie, contraction de l'expression anglaise «*no mobile phone phobia*», désigne la peur excessive et irrationnelle à l'idée d'être séparé de son smartphone.

Quels sont les symptômes?

Les symptômes de la nomophobie incluent un état d'angoisse, d'anxiété, et une incapacité à réguler l'utilisation du smartphone.

Les personnes atteintes peuvent ressentir une panique lorsque la batterie est faible, qu'elles n'ont pas de connexion, ou qu'elles ne peuvent pas accéder à leur téléphone. Si vous éprouvez de la panique quand vous oubliez votre smartphone à la maison ou constatez que vous n'avez presque plus de batterie, vous pourriez souffrir de nomophobie.

Et en pratique, comment se manifeste-t-elle ?

- Le besoin de vérifier fréquemment les appels, SMS, et notifications pour ne pas manquer d'échanges virtuels.
- Une hyperactivité sur les réseaux sociaux.
- Une angoisse de séparation.
- Une augmentation de la fréquence cardiaque et de la pression artérielle.
- Une baisse des performances cognitives quand le téléphone est éteint ou hors de portée, ou quand la batterie est faible ou en cas de mauvaise couverture.
- Des troubles du sommeil, la majorité des personnes atteintes de nomophobie dormant avec leur portable.
- Une perte de liens sociaux.

Quels sont les principaux facteurs de risque ?

La nomophobie est plus fréquente chez les jeunes et chez les femmes. Elle est souvent associée à des troubles de la santé mentale tels que des troubles anxieux et dépressifs.

ATHAZAGORAPHOBIE

L'athazagoraphobie est la peur d'être oublié ou ignoré et le besoin constant d'être rassuré sur l'affection de ses amis. Cette phobie est souvent liée à des expériences traumatiques comme la perte d'un ami proche, un décès, ou une séparation. Elle peut être exacerbée par l'hyperconnectivité et l'usage intensif des réseaux sociaux, où l'absence de likes ou de réponses rapides peut déclencher une angoisse. « Des fois, j'ai l'impression que mes potes m'oublient si personne ne me répond sur les réseaux sociaux. Du coup, je vérifie mon tél sans arrêt, c'est chiant mais je fais ça par peur d'être mis de côté.»

Quels sont les symptômes?

- Une grande anxiété.
- Des crises de panique : augmentation de la fréquence cardiaque, sueurs, bouche sèche, sueurs froides, nausées...
- Une faible estime de soi et un manque de confiance en soi.
- Une tendance à l'isolement par peur d'être oublié. Évitement des contacts et des activités sociales pour éviter la douleur de l'abandon conduisant à un cercle vicieux : l'isolement renforce cette peur, conduisant à encore plus d'isolement.

Quels sont les principaux facteurs de risque?

Ils sont souvent multiples et complexes, incluant des facteurs génétiques, environnementaux, et des événements traumatiques.

PHUBBING

Contraction des mots anglais *phone* (téléphone) et *snubbing* (snober), ce comportement fait référence à l'acte de délaisser ou d'ignorer les personnes présentes dans son environnement immédiat (réunion, restaurant, repas de famille...) au profit de l'utilisation de son appareil mobile.

Il s'agit d'une forme de déconnexion sociale où la personne accorde la priorité à son smartphone, ignorant ainsi les interactions en face à face avec les individus qui l'entourent physiquement. Cette attitude peut être perçue comme un manque de considération envers son environnement direct au profit d'un monde virtuel accessible via l'écran de son mobile.

Quelles sont les conséquences?

Le phubbing peut conduire à une détérioration des relations personnelles et professionnelles. Par exemple, dans les relations de couple, il peut entraîner une baisse de l'intimité et de la satisfaction relationnelle, ainsi qu'une augmentation des conflits. Au travail, il peut provoquer une perte de confiance et de motivation chez les employés.

Quels sont les facteurs de risque ?

L'addiction aux réseaux sociaux, le FOMO et les stratégies de captation mises en place par les réseaux sociaux pour maintenir l'attention des utilisateurs.

SMOMBIES

Mot-valise formé à partir de « smartphone » et « zombie », un smombie est facilement reconnaissable : dos voûté, tête baissée, yeux rivés sur son smartphone. Le smombie est un piéton qui fixe constamment son téléphone en marchant, au point de négliger sa santé, son environnement immédiat (voitures, motos, transports en commun…) et donc sa sécurité et celle des autres. Les smombies sont facilement identifiables, car ils ne quittent pas des yeux leur smartphone même en traversant la route. Parfois, on qualifie également les automobilistes qui utilisent leur smartphone au volant de smombies.

Quelles sont les conséquences ?

Les smombies représentent un risque important pour la sécurité routière. Selon une étude, 17 % des piétons en ville ont un comportement à risque lié à l'utilisation du smartphone en marchant.

Cela peut provoquer des accidents graves, voire mortels. En 2018, 15 % des morts sur les routes en France étaient des piétons, et le facteur d'inattention est souvent en cause dans les accidents mortels en ville, selon l'Observatoire national de la sécurité routière.

Quelles sont les causes ?

Les causes incluent la dépendance aux smartphones, le FOMO, les stratégies de captation d'attention des réseaux sociaux et l'isolement social.

INFOBÉSITÉ

L'infobésité, ou surcharge informationnelle, désigne la surabondance d'informations générée par la multitude de données qui nous parviennent en permanence via les médias, les systèmes d'information connectés et les nouvelles technologies de communication (internet, réseaux sociaux, outils de messagerie, etc.).

Quelles sont les manifestations ?

L'infobésité apparaît quand le volume d'informations reçu par une personne dépasse sa capacité à les traiter ou à les supporter sans se nuire à elle-même ou sans nuire à son activité.

Quelles sont les conséquences ?

- Surcharge cognitive.
- Difficulté à hiérarchiser et à traiter efficacement les informations, ce qui peut provoquer de l'incertitude, de l'anxiété, de l'épuisement, et un sentiment d'impuissance.
- Frein à l'action. Les informations pertinentes sont noyées sous un flot de données inutiles, rendant difficiles la prise de décision et l'action productive.
- Dépendance. Les utilisateurs peuvent devenir dépendants de la recherche et de la consommation d'informations, au détriment de leur productivité et de leur bien-être. « L'addiction aux news » repose sur ce fil continu d'actualités disponibles et variées qui pousse les individus à vérifier qu'ils n'ont rien raté, qu'il s'agisse de l'actualité mondiale, de leur famille, de leurs amis, ou de leurs contacts.

Quels sont les principaux facteurs de risque ?

- L'utilisation croissante d'internet et des nouvelles technologies.
- La digitalisation des processus et l'essor des outils de collaboration numériques.
- L'hyperconnectivité, avec l'accès constant à des informations via divers supports (ordinateurs, smartphones, tablettes) et la multiplication des notifications.

- La mauvaise utilisation des outils de communication. Par exemple, l'usage excessif des réseaux sociaux pour des notifications non pertinentes ou des publications redondantes peut entraîner une surcharge. Cela peut se manifester par des notifications constantes pour des likes, des commentaires ou des partages qui n'apportent pas de valeur ajoutée, perturbant ainsi la concentration et la productivité.

Les réseaux sociaux peuvent également être mal utilisés quand ils sont employés pour diffuser des informations non vérifiées ou des rumeurs, ce qui peut mener à la désinformation et à la propagation de fausses nouvelles, les *fake news*.

Quelles sont les principales conséquences ?

- Stress, anxiété, épuisement mental.
- Baisse de productivité, désinformation, saturation informationnelle, et risque de burn-out.
- Difficulté à maintenir des interactions sociales de qualité en raison de la distraction constante causée par les flux d'informations.

Comment les réseaux sociaux, source de plaisir et d'amusement, peuvent-ils se transformer en un piège dont il est si difficile de sortir ?

L'addiction aux réseaux sociaux résulte d'un ensemble de facteurs qui, progressivement, peuvent influencer le comportement de la personne et son rapport aux réseaux sociaux. Ce qui n'était qu'un simple divertissement ou usage récréatif devient alors un besoin : le réseau social n'est plus un simple réseau social !

Quels sont les principaux facteurs qui peuvent conduire à la dépendance ? Plongeons-nous dans les rouages de l'addiction aux réseaux sociaux !

Chapitre 9

Les facteurs de risque de l'addiction aux réseaux sociaux

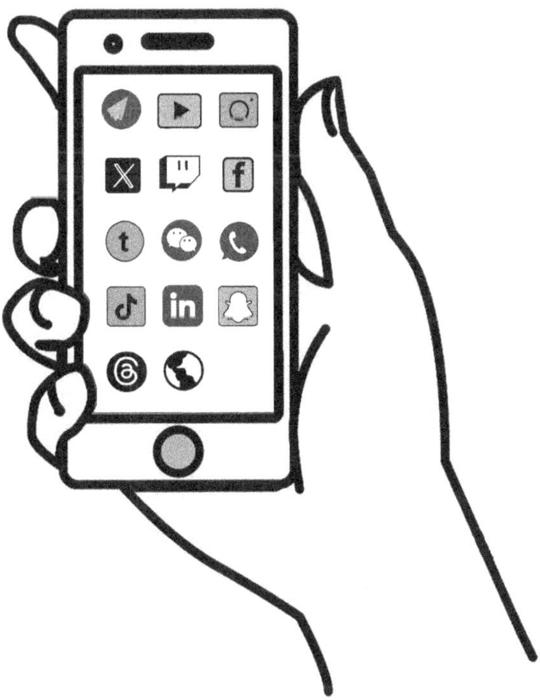

Pourquoi est-il important de connaître les facteurs de risque des addictions? Parce que cela permet :

- de mettre en place des actions de prévention ciblées pour éviter de passer d'un usage récréatif à un usage intensif ou à une addiction;
- de proposer un accompagnement personnalisé une fois l'addiction installée.

Le triangle addictif

Selon le triangle du Docteur Claude Olievenstein, pionnier de l'addictologie, l'addiction résulte de l'interaction entre trois facteurs :

1. la vulnérabilité individuelle;
2. l'exposition au comportement addictif ou à la substance;
3. l'environnement.

Avant de nous concentrer sur les causes spécifiques de l'usage problématique des réseaux sociaux, je vous propose une petite parenthèse sur ces trois facteurs.

La vulnérabilité individuelle

Certaines personnes sont plus disposées à développer une addiction en raison de facteurs génétiques, de traits de personnalité ou de leur parcours de vie. Ces facteurs génétiques peuvent contribuer à augmenter la recherche d'expériences et de sensations ou encore affecter la sensibilité au plaisir et à la récompense, ainsi que la capacité à réguler les émotions. De plus, certains traits de personnalité comme l'impulsivité et une faible estime de soi peuvent également accroître le risque de dépendance.

L'exposition à la substance ou au comportement addictif

La répétition d'une consommation ou d'un comportement peut provoquer des modifications neurobiologiques dans le cerveau. Ces altérations peuvent intensifier le désir de consommer ou de s'engager dans l'activité addictive, compliquant ainsi la maîtrise de ces comportements.

L'environnement

Le milieu dans lequel une personne évolue peut être déterminant dans le développement d'une addiction. Des facteurs environnementaux comme le stress, les conflits familiaux, les pressions sociales ou les traumatismes peuvent déclencher ou perpétuer des comportements addictifs.

L'interaction de ces trois facteurs

C'est l'interaction de ces facteurs qui contribue au développement de l'addiction. Par exemple, un adolescent avec une prédisposition génétique à l'addiction peut être plus vulnérable s'il est exposé à des environnements stressants ou à une dynamique familiale défavorable.

Dans le cas des réseaux sociaux

Et pour l'addiction aux réseaux sociaux, quels sont les facteurs de risque chez les adolescents?

Les rouages de l'addiction aux réseaux sociaux
Docteur Juliette Hazart, 2024

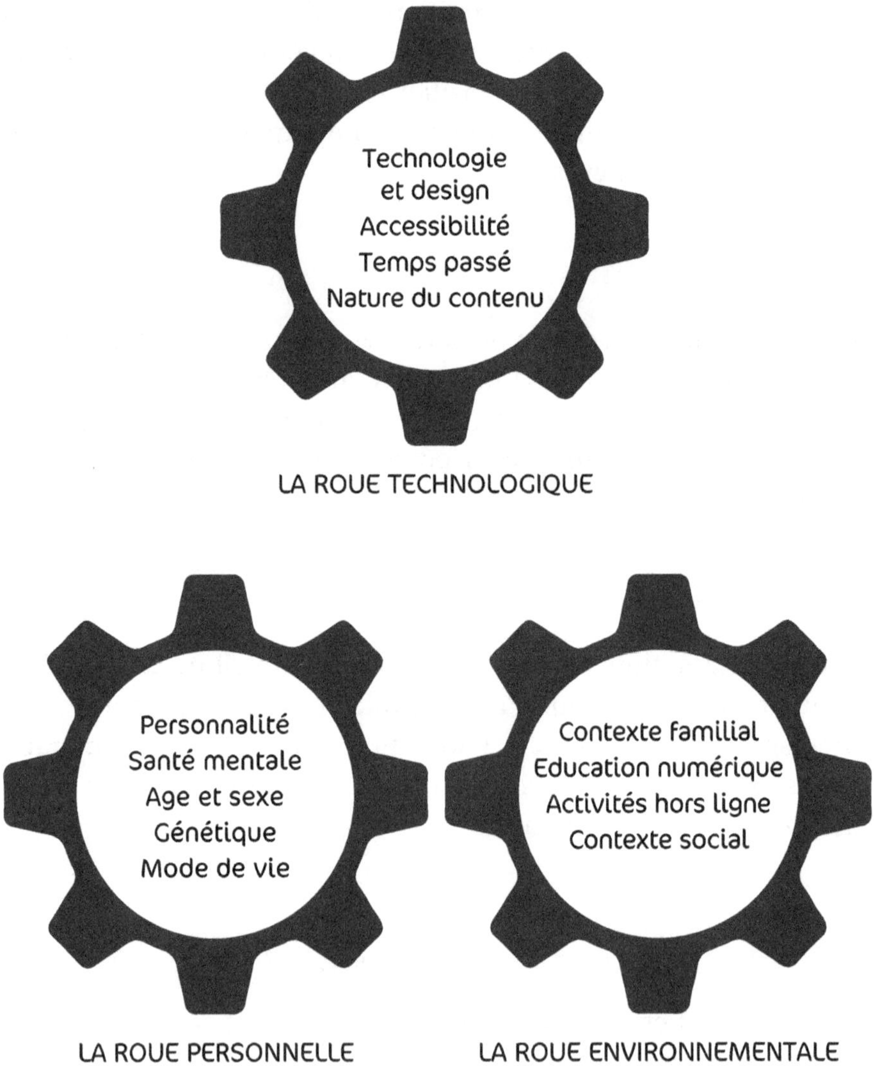

Les facteurs de risque individuels

Les traits de personnalité

- La recherche de sensations, l'impulsivité;
- les personnalités introverties, anxieuses, sensibles, avec une tendance au repli social;
- les personnes ayant des difficultés à réguler des émotions intenses et douloureuses conduisant à des réactions disproportionnées par rapport aux situations vécues;
- la faible estime de soi (les réseaux sociaux étant utilisés dans le but d'obtenir une validation sociale).

«J'ai toujours eu du mal à parler aux autres en face à face, alors je me suis tourné vers les réseaux sociaux. Là, je peux être moi-même sans avoir à affronter les regards des autres. Mais, à un moment, j'ai commencé à passer de plus en plus de temps en ligne, à chercher des likes et des commentaires pour me sentir mieux.» Lucas, 15 ans

La santé mentale

Les adolescents souffrant de troubles de l'humeur, comme par exemple une dépression, de troubles anxieux, d'un stress chronique, d'un trouble déficitaire de l'attention avec hyperactivité (TDAH) ou de troubles obsessionnels compulsifs (TOC) seraient plus vulnérables à l'addiction aux réseaux sociaux.

«J'ai une dépression depuis quelques années. Les réseaux sociaux sont devenus un refuge pour moi. Quand je me sens vraiment mal, je passe des heures à scroller sur les réseaux. Ça m'aide à oublier mes problèmes, même si je sais au fond de moi que c'est pas une solution.» Emma, 17 ans

⚠ Un usage à visée «autothérapeutique» peut être le signe d'une souffrance mentale et peut conduire à une addiction.

L'âge et le sexe

Les jeunes adolescents et les filles sont plus susceptibles de développer une addiction aux réseaux sociaux.

Les facteurs et prédispositions génétiques

Les variations génétiques qui affectent le système de récompense et la dopamine peuvent augmenter la susceptibilité aux addictions.

Le mode de vie

«Je suis trop en mode maison. Je ne fais pas de sport et je passe la plupart de mon temps libre à la maison. Mes parents travaillent beaucoup et on ne fait pas vraiment d'activités ensemble. Du coup, je me réfugie sur les réseaux sociaux pour passer le temps et m'amuser.» Nina, 16 ans

Les facteurs liés à la nature du réseau social et à son usage

Technologie et design des plateformes

Les fonctionnalités des réseaux sociaux, telles que :

- les notifications constantes qui encouragent une utilisation prolongée;
- le défilement infini des contenus qui capte l'attention des utilisateurs;
- les systèmes de récompense variable, récompenses imprévisibles comme les likes et les commentaires qui créent une excitation et incitent à revenir.

«Je suis accro aux notifications. Chaque fois que mon téléphone vibre, je ne peux pas m'empêcher de vérifier ce que c'est. Parfois, je passe des heures à scroller sans même m'en

rendre compte. C'est comme si j'étais pris au piège.» Maxime, 16 ans

Accessibilité

L'accès facile aux smartphones, à internet et aux réseaux sociaux sans avoir à s'identifier à chaque fois augmente la probabilité d'une utilisation excessive.

«J'ai toujours mon téléphone avec moi. C'est tellement facile de se connecter aux réseaux sociaux n'importe où et n'importe quand. Je n'ai même pas besoin de m'identifier à chaque fois, ce qui fait que je passe encore plus de temps en ligne.» Sarah, 18 ans

Temps passé

Le temps excessif passé quotidiennement sur les réseaux sociaux est un facteur contribuant au risque d'addiction, en particulier chez les adolescents et les jeunes adultes.

Nature du contenu

Les contenus véhiculés par les réseaux sociaux sont variés, attractifs et plaisants.

Les facteurs environnementaux

L'exposition précoce aux réseaux sociaux semble augmenter le risque de développer une addiction à ces plateformes plus tard.

Le contexte familial

Peuvent augmenter le risque d'addiction :

- une communication familiale peu efficace avec un soutien parental limité;

- des conflits, des violences, un abandon, un deuil ou une perte de relation signifiante;
- un rapport problématique des parents ou de la fratrie aux réseaux sociaux;
- des habitudes d'usage excessif des réseaux sociaux au sein du foyer;
- un soutien familial non adapté et l'absence de règles claires concernant l'utilisation des technologies;

«Chez moi, tout le monde est toujours sur son téléphone. Mes parents ne me disent jamais de limiter mon temps d'écran, alors je passe des heures en ligne. Parfois, je me sens seul même quand on est tous ensemble à la maison.» Tom, 14 ans

L'éducation numérique

- L'absence d'éducation sur les risques et les bonnes pratiques des réseaux sociaux à l'initiative des parents ou des enseignants, ou l'absence d'initiatives spécialisées constitue un facteur de risque d'addiction.

Les activités hors ligne

- Le manque d'engagement dans des activités hors ligne, telles que les activités physiques, artistiques ou sociales, peut augmenter le risque d'addiction aux réseaux sociaux.

«Je n'ai pas vraiment de hobbies en dehors des réseaux sociaux. Je ne fais pas de sport et je ne sors pas beaucoup. À la maison, on ne fait jamais d'activités ensemble en famille. Chacun est dans son coin avec son téléphone ou son ordinateur. Du coup, je passe tout mon temps libre en ligne, à regarder des vidéos et à discuter avec des amis virtuels.» Julie, 14 ans

Le contexte social

L'isolement social

Les adolescents isolés socialement peuvent se tourner vers les réseaux sociaux pour combler un vide émotionnel.

L'influence des pairs, du groupe

La pression des pairs, leur absence de soutien, le besoin de connexion, les conflits, le désir de rester connecté avec des amis et les interactions sociales à l'école peuvent pousser les adolescents à passer plus de temps sur les réseaux sociaux.

La pression scolaire

Les adolescents soumis à la pression liée aux performances scolaires peuvent utiliser les réseaux sociaux comme un moyen d'évasion. Le terme «pression académique» fait référence au stress et aux exigences élevées liées aux performances scolaires et aux attentes académiques. Cela inclut les devoirs, les examens, les projets, ainsi que les attentes perçues par les adolescents de la part des enseignants et des parents concernant les résultats scolaires. Le stress peut pousser les adolescents à chercher des moyens d'évasion ou de relaxation, comme l'utilisation des réseaux sociaux.

«L'école me stresse énormément. Quand je rentre chez moi, je me plonge dans les réseaux sociaux pour oublier la pression des devoirs et des examens.» Clara, 16 ans

Les facteurs socio-économiques

Les inégalités sociales semblent renforcer l'utilisation problématique des réseaux sociaux chez les enfants. Les adolescents issus de milieux défavorisés semblent être plus susceptibles de développer une addiction aux réseaux sociaux, possiblement en raison de l'isolement social et du manque d'autres formes de divertissement.

«Je viens d'un quartier où il n'y a pas grand-chose à faire. Les réseaux sociaux sont ma principale source de divertissement. Je passe des heures en ligne parce que je n'ai pas vraiment d'autres options pour m'amuser.» Paul, 15 ans

L'exposition à des contenus néfastes

Les contenus violents

Les contenus violents sur les réseaux sociaux peuvent avoir un effet amplificateur sur les comportements violents et l'addiction. Les algorithmes des plateformes peuvent enfermer les utilisateurs dans des cycles de contenus de plus en plus violents, ce qui peut désensibiliser les jeunes à la violence et les inciter à passer plus de temps en ligne pour rechercher des contenus similaires.

Le cyberharcèlement

L'exposition à des contenus négatifs, à la cyberintimidation ou au cyberharcèlement peut conduire à une utilisation problématique.

Le cyberharcèlement en particulier est un problème majeur sur les réseaux sociaux, particulièrement chez les jeunes. L'anonymat offert par ces plateformes facilite les comportements de harcèlement, qui peuvent entraîner des conséquences graves sur la santé mentale des victimes, telles que l'anxiété, la dépression et même des pensées suicidaires. Les victimes de cyberharcèlement peuvent développer une dépendance aux réseaux sociaux en cherchant à surveiller les activités de leurs harceleurs ou en essayant de trouver du soutien en ligne.

La pornographie

L'accès facile à la pornographie en ligne via les réseaux sociaux est un facteur de risque important pour le développement d'une addiction. Les jeunes, en particulier, sont vulnérables à l'exposition à des contenus pornographiques : une exposition, souvent accidentelle, peut entraîner une dépendance à la pornographie, qui est souvent associée à une utilisation excessive des réseaux sociaux pour accéder à ces contenus.

Quels sont les facteurs protecteurs ?

Les facteurs protecteurs réduisent la probabilité de développer une addiction aux réseaux sociaux.

Ils incluent :

- **le soutien familial** : un soutien familial favorable et des règles claires concernant l'utilisation des technologies peuvent protéger contre l'addiction ;
- **l'engagement dans des activités hors ligne** : participer à des activités physiques, artistiques ou sociales peut réduire le temps passé en ligne et offrir des alternatives saines ;
- **l'éducation numérique** : une éducation sur les risques et les bonnes pratiques des réseaux sociaux peut aider les adolescents à utiliser ces plateformes de manière responsable ;
- **un cercle de pairs** : des relations de qualité, caractérisées par le soutien, la camaraderie et l'absence de conflits, peuvent réduire le risque de comportements addictifs. Les adolescents qui entretiennent des relations saines et positives avec leurs pairs sont moins susceptibles de chercher une validation excessive en ligne.

Ainsi, l'addiction aux réseaux sociaux chez les adolescents est influencée par une combinaison de contextes, et surtout par l'interaction entre les différents facteurs de risque. Oui, il existe des prédispositions génétiques aux addictions. Cela ne signifie pas pour autant qu'une personne ayant des antécédents familiaux d'addiction développera une addiction.

Tout est question d'interaction ! Les influences environnementales peuvent par exemple diminuer ce risque.

Petite pause environnementale

Prenez un rat, mettez-le dans une cage. Donnez-lui deux bouteilles : l'une est remplie d'eau, la seconde contient de l'eau mélangée à de l'héroïne ou de la cocaïne. Le rat choisit presque toujours de boire la seconde. Presque dans tous les cas, il meurt rapidement.

Dans les années 1970, le Professeur Alexander se questionne. Nous plaçons le rat dans une cage vide et il n'a rien à faire à part prendre ces drogues. Et si nous essayions quelque chose de différent?

Il construit une cage nommée «*Rat Park*», l'équivalent du paradis pour les rats. Les rats disposent de fromage, de tunnels, de boules de couleur... Ils ont plein d'amis et des rapports sexuels... Et aussi... les deux bouteilles d'eau, l'eau normale et l'eau contenant de la drogue.

Eh bien, à Rat Park, les rats ne consomment presque jamais l'eau contenant de la drogue. Et quand ils en boivent, leur consommation n'est jamais compulsive et mène beaucoup moins à des overdoses.

Et si la dépendance était une adaptation à un environnement?

Alors, peut-être devrions-nous parler d'attachement plutôt que de dépendance?

Revenons à nos moutons, ou plutôt à nous, les êtres humains!

Les êtres humains sont par essence des êtres sociaux. Ils éprouvent un besoin naturel et inné de se lier les uns aux autres. Quand nous sommes heureux et en bonne santé, nous nous connectons avec autrui. Si nous ne le pouvons pas, parce que nous avons été traumatisés, isolés ou blessés par la vie, le risque de nous lier avec quelque chose (une substance ou un comportement) qui nous procurera du bien-être est plus important.

Et si le renforcement des liens sociaux était la clé de la prévention et du rétablissement des addictions?

Chapitre 10

Les dangers des réseaux sociaux

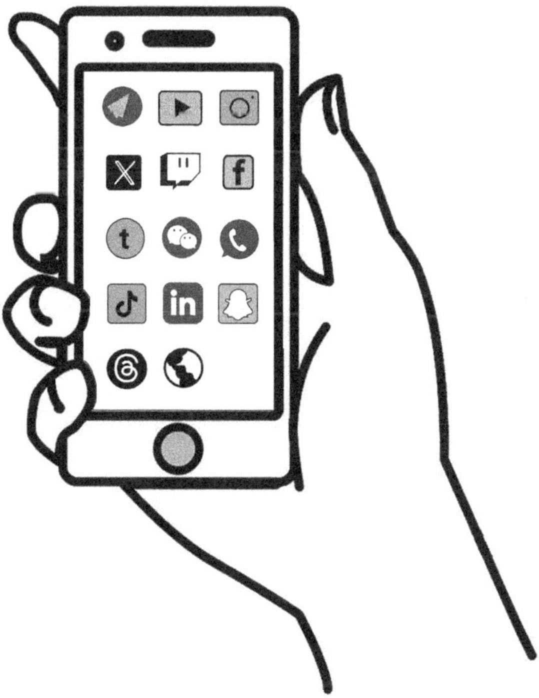

Les adolescents font partie de la génération des *digital natives*, c'est-à-dire les jeunes générations qui ont grandi après la généralisation des outils informatiques et des médias numériques, entourées par les technologies numériques dès leur plus jeune âge.

Ces technologies font partie intégrante de leur vie quotidienne depuis leur naissance. Bien que les plateformes offrent de nombreux avantages, comme la possibilité de rester en contact avec des amis et de se tenir informé des actualités, elles présentent également des dangers pouvant affecter négativement le bien-être mental, émotionnel, social et physique des jeunes, même en l'absence d'addiction.

Les dangers pour la santé physique

Les troubles musculosquelettiques

Ils affectent principalement les muscles, les tendons et les nerfs et entraînent des douleurs et des gênes fonctionnelles.

Syndrome du canal carpien

Les heures passées devant l'écran peuvent entraîner le syndrome du canal carpien. Il s'agit d'une compression d'un nerf au niveau du poignet qui conduit à un engourdissement de la main ou à des douleurs.

Text neck

Avez-vous entendu parler du *text neck*? Avez-vous déjà observé les adultes et les adolescents marchant dans la rue, patientant dans les files et les salles d'attente la tête penchée sur leur mobile? Cette position engendre une hypersollicitation de la tête, un blocage du cou, une hyperextension de la colonne vertébrale et peut occasionner des douleurs. Plus l'inclinaison de la tête est grande, plus la tension supportée par la nuque est importante. Cette posture inadaptée peut entraîner des contractures, des maux de tête, des douleurs cervicales, des anomalies de la statique vertébrale et des torticolis.

Comment prévenir les troubles musculosquelettiques ?

- S'étirer et changer de posture au moins toutes les 30 minutes.
- Effectuer quelques mouvements de rotation des épaules et de la tête.
- Penser à bien s'hydrater.
- Positionner l'écran à hauteur des yeux ou allonger un peu les bras avec le smartphone.
- Réduire le nombre et la longueur des messages.
- Passer des appels téléphoniques.

Textonite

C'est une inflammation du pouce et du poignet provoquée par un usage excessif des textos. Elle peut entraîner douleurs, en particulier lors de la saisie d'objets, gonflements et engourdissements avec des sensations de picotements.

Comment prévenir la textonite ?

- Varier les mouvements du pouce quand vous écrivez sur votre téléphone afin d'éviter de maintenir une position fixe et pliée.
- Alterner entre différents doigts pour taper.
- Réduire le nombre et la longueur de vos messages.
- Faire une pause au moins toutes les 30 minutes.
- Utiliser une balle en mousse pour décontracter la main et les doigts et en même temps se relaxer.

Les effets des écrans

L'usage excessif des écrans peut provoquer migraines, sécheresse oculaire et fatigue visuelle.

Comment les prévenir?

- Ajuster les paramètres d'affichage de l'écran du smartphone pour réduire l'exposition à la lumière bleue. Pour cela, activer l'option «Confort des yeux», «Filtre de lumière bleue», «Éclairage nocturne» ou «Night Shift».
- Régler la luminosité et le contraste de l'écran de manière optimale selon l'environnement. Dans tous les cas, éviter de regarder un écran dans l'obscurité.
- Respecter une distance de la longueur de l'avant-bras pour le smartphone et de 3 à 4 mètres pour la télévision.
- Faire des pauses visuelles régulières. Appliquer par exemple la règle 20-6-20 : toutes les 20 minutes, regarder à 6 mètres pendant 20 secondes. Prendre des pauses plus longues de 5 à 10 minutes par heure ou 15 minutes toutes les 2 heures. En profiter pour se lever et bouger.

Les troubles du sommeil

De nombreux adolescents gardent leur téléphone portable à proximité durant la nuit pour consulter fréquemment les réseaux sociaux, interrompant ainsi leur sommeil. Cette privation de sommeil augmente les risques de fatigue chronique, de dépression, de pensées suicidaires, de détresse psychologique, d'anxiété et d'autres problèmes de santé mentale. Un sommeil de qualité étant essentiel au bon développement et à l'équilibre émotionnel, cette habitude représente donc un réel danger pour le bien-être psychologique des adolescents.

Oui, l'usage régulier des écrans a un impact sur le sommeil. L'exposition à la lumière artificielle conduit à modifier la sécrétion de la mélatonine, hormone qui régule les cycles veille-sommeil. Et qui dit impact sur le sommeil, dit impact sur la santé globale.

Petite pause circadienne

Les cellules de la rétine, particulièrement sensibles à la lumière bleue émise par les écrans, transmettent des informations visuelles au cortex visuel du cerveau. Pour cela, elles communiquent avec une structure cérébrale clé : le noyau suprachiasmatique.

C'est le chef d'orchestre des rythmes biologiques. Il joue un rôle primordial dans la régulation des rythmes circadiens, ces cycles d'environ 24 heures qui régissent de nombreux processus physiologiques et comportementaux. Lorsque les cellules rétiniennes détectent la lumière bleue, elles signalent au noyau suprachiasmatique qu'il fait «jour».

En réponse, ce dernier bloque la production de mélatonine, l'hormone sécrétée naturellement le soir pour induire le sommeil. Face à un écran émettant cette lumière artificielle, même en soirée, le corps reçoit des signaux contradictoires. Il peine alors à distinguer le jour de la nuit, ce qui perturbe les cycles veille-sommeil pourtant essentiels à un bon rythme circadien.

Bien que fatigué, l'organisme ne ressent plus l'envie naturelle de dormir, car son horloge interne est désynchronisée par l'exposition prolongée aux écrans. Vous comprenez qu'avec les écrans et les réseaux sociaux avant le coucher, maintenir un rythme jour/nuit équilibré peut devenir un véritable défi!

Comment allier usage raisonné des réseaux sociaux et sommeil?

Parmi les jeunes de 11 à 18 ans, 71 % ont un appareil numérique en permanence avec eux dans leur chambre (enquête génération numérique 2022). Coupez tous les écrans au moins une heure avant d'aller dormir. L'occasion de parler avec ses enfants de leur journée! De se créer un petit rituel.

La sédentarité

La sédentarité, c'est le temps passé assis ou allongé dans la journée, hors temps de sommeil.

La sédentarité, c'est aussi moins de temps passé à se dépenser à l'extérieur, et donc, des capacités physiques abaissées, moins de vitamine D pour la croissance osseuse, des compétences cognitives et sociales fragilisées, plus de risque de surpoids, d'obésité, de diabète et de maladies cardio-vasculaires à un âge précoce.

Comment agir ?

- Bouger 1 à 3 minutes toutes les 30 à 60 minutes consécutives de sédentarité.
- Essayer de limiter le temps d'écran, en particulier pendant les temps de loisirs ainsi que celui de toute la famille.
- Limiter les temps sédentaires en les remplaçant par des activités physiques, même d'intensité légère[1].
- Entre 7 et 11 ans, maximum 2 heures d'écran par jour.

Le sport, ça n'est qu'une partie de l'activité physique.

L'activité physique, c'est aussi le ménage, le jardinage, le bricolage, la marche, monter des escaliers…

Il est recommandé aux adolescents de faire au moins 1 heure d'activité physique par jour, d'intensité modérée à élevée (danses, VTT, jeux de ballons, saut à la corde…)[2].

1. Organisation mondiale de la Santé, OMS, 2021.
2. Agence nationale de sécurité sanitaire de l'alimentation, de l'environnement et du travail, ANSES, 2016.

Comment agir ?

- Initier des activités physiques plaisantes en famille.
- Évaluer le niveau d'activité physique et de sédentarité de son adolescent. Pour ce faire, se connecter sur mangerbouger.fr et cliquer sur «test de niveau d'activité physique et de sédentarité des ados».

La malnutrition et le surpoids

L'usage problématique des réseaux sociaux peut entraîner de la malnutrition et conduire à un surpoids en influençant négativement les comportements alimentaires. Cela s'explique par l'exposition excessive à des images idéalisées du corps, la promotion de régimes malsains, et la diminution du temps consacré aux repas équilibrés au profit du temps passé en ligne.

Le danger de dépendance et d'addiction

L'addiction à des substances

Est-ce que les réseaux sociaux peuvent favoriser l'addiction à des substances ? Plusieurs études répondent oui. Pourquoi ?

Les réseaux sociaux peuvent créer des perceptions faussées : sécurité ou glamourisation des substances dangereuses. Ils exposent les jeunes à des contenus normalisant et glorifiant la consommation de substances comme l'alcool. Cette exposition peut influencer les attitudes et les comportements des adolescents envers ces substances, augmentant ainsi le risque de consommation et d'addiction.

« Sur les réseaux sociaux, tout a l'air cool et sans danger. On ne voit jamais les conséquences négatives. C'est comme si on montrait que le côté brillant de la médaille. » Marie, 16 ans

Les interactions sociales sur les plateformes peuvent aussi renforcer la consommation de substances. Les influenceurs et les pairs qui partagent des contenus liés à la consommation peuvent inciter leurs followers à adopter des comportements similaires[3].

« Quand je vois mes amis poster des photos d'eux en train de fumer ou de boire, ça me donne envie de faire pareil pour ne pas me sentir exclu. C'est comme si tout le monde autour de moi faisait la même chose, et je ne veux pas être laissé de côté. » Lucas, 17 ans

Les algorithmes des réseaux sociaux favorisent une publicité ciblée, y compris pour des produits addictifs comme l'alcool et le tabac. Cette publicité peut atteindre des utilisateurs vulnérables et les inciter à consommer ces produits[4].

L'influence de la publicité

Les réseaux sociaux exposent les utilisateurs à une multitude de contenus publicitaires, tels que des fenêtres pop-up, des bannières, des interruptions de vidéos, des publications sponsorisées et des publicités dissimulées, influençant ainsi les tendances de consommation et incitant à l'achat.

---

3. Moreno, M.A., Whitehill, J.M. (2014). Influence of Social Media on Alcohol Use in Adolescents and Young Adults. *Alcohol Res.* 36(1), 91-100.
4. Romer, D., Moreno, M. (2017). Digital Media and Risks for Adolescent Substance Abuse and Problematic Gambling. *Pediatrics.* 140(2), S102-S106.

La dépendance à la validation

J'appelle ça le miroir numérique déformant. C'est la façon dont les réseaux sociaux présentent une version, une représentation déformée et souvent idéalisée de la réalité. Cette addiction au miroir numérique déformant pousse les adolescents à chercher constamment la validation des autres à travers des likes et des partages, au détriment de leur bien-être psychologique.

Une représentation idéalisée

Les réseaux sociaux encouragent les adolescents à partager des moments choisis de leur vie, mettant en avant leurs meilleurs aspects. Cela crée une illusion où tout semble parfait : les vacances idylliques, les repas gastronomiques, les réussites scolaires et professionnelles. Cependant, cette représentation idéalisée ne reflète pas la réalité complexe de la vie quotidienne.

Le filtre de validation

Les algorithmes des réseaux sociaux renforcent cette illusion en montrant principalement du contenu susceptible d'être liké ou validé par votre cercle social ou celui de votre adolescent. Comme un miroir déformant, les réseaux sociaux reflètent une version embellie de nous-mêmes et de notre vie, filtrée pour obtenir l'approbation des autres.

L'injonction au tout-positif

L'injonction de se montrer heureux se fait ressentir, et pas uniquement sur les réseaux sociaux.

Elle infecte notre quotidien, conduisant les adolescents tout comme les adultes à réprimer leurs émotions, à l'école, à l'université, sur le lieu de travail, à la maison. Ce phénomène semble particulièrement marqué chez les jeunes adultes, avec près de deux tiers des 16-24 ans et plus de la moitié des 25-34 ans qui déclarent ressentir cette pression à la positivité, selon le sondage Appinio mené en 2021.

Les dangers pour la santé mentale

Le développement de l'intelligence

Les écrans, et en particulier les réseaux sociaux, sont parfois accusés de tous les maux, jusqu'à en faire des producteurs de « crétins digitaux ». Qu'en dit la science ?

À l'heure actuelle, il n'est pas démontré que les écrans et les réseaux sociaux diminuent le niveau d'intelligence des enfants. Cela ne veut pas dire qu'on doit laisser les enfants seuls devant un écran ou devant les réseaux sociaux pendant des heures. Il est important de considérer le contexte d'utilisation des écrans : le contenu visionné, l'interaction parentale et la durée d'exposition. Les enfants ont avant tout besoin de liens, d'affection et d'interactions avec les adultes et les autres enfants, mais aussi d'activité physique, de jeux libres, de contacts avec les livres pour leur développement.

La dépression

Passer plus de trois heures par jour sur les médias sociaux pourrait multiplier par deux le risque de rencontrer un problème de santé mentale, incluant des symptômes anxieux et dépressifs. Un tiers des adolescents rapportent utiliser les écrans après minuit les heures de semaine, ce qui implique un manque de sommeil et augmente le risque de dépression chez ces jeunes.

L'anxiété sociale

L'anxiété sociale chez les adolescents se caractérise par une peur intense et persistante des situations sociales ou de performance, où le jeune craint d'être jugé négativement ou embarrassé. Ce trouble peut se manifester par des symptômes physiques (rougissements, tremblements...), des pensées négatives à son égard et des comportements d'évitement, affectant significativement le fonctionnement scolaire et le développement des relations interpersonnelles de l'adolescent.

Les adolescents qui considèrent que leurs amitiés dans la vie réelle sont peu satisfaisantes, superficielles ou qu'elles manquent de profondeur émotionnelle sont d'autant plus à risque d'utiliser les réseaux sociaux de façon excessive et nocive.

L'estime de soi et l'image corporelle

Plusieurs études montrent qu'obtenir un feedback négatif sur son profil aurait tendance à diminuer l'estime de soi et le bien-être[5].

On en revient au miroir numérique déformant.

L'idéal de minceur instillé dans les médias, y compris sur les réseaux sociaux, favorise des préoccupations liées à son image corporelle. Préoccupations qui, à leur tour, semblent favoriser l'usage des réseaux sociaux pour se comparer aux autres. Or la comparaison mène à la frustration, à la jalousie, à l'insatisfaction corporelle.

---

5. Valkenburg, P. M., Peter, J., & Schouten, A. P. (2006). Friend Networking Sites and Their Relationship to Adolescents' Well-Being and Social Self-Esteem. *CyberPsychology & Behavior*, 9(5), 584–590.

Un usage inadapté de certains réseaux sociaux chez des collégiennes, notamment à travers des comparaisons sociales, est associé à une augmentation du risque de troubles du comportement alimentaire et d'insatisfaction corporelle.

L'estime de soi est une véritable alliée pour prévenir l'usage problématique des réseaux sociaux. Les adolescents ayant une bonne estime de soi adoptent plus facilement une distance critique vis-à-vis des réseaux sociaux. Ils recherchent moins la validation des pairs.

L'intolérance à la frustration et à l'ennui

Les réseaux sociaux, en offrant une gratification instantanée et constante, peuvent exacerber l'intolérance à la frustration, à l'ennui et accroître la dépendance à la stimulation permanente, rendant les jeunes moins capables de gérer ces sentiments de manière constructive. Les réseaux sociaux ne soulagent pas l'ennui, mais peuvent au contraire augmenter le stress et la détresse psychologique.

Petite pause ennui

À mon sens, il est urgent de réhabiliter l'ennui ! Et même de faire l'éloge de l'ennui !

Oui, l'ennui joue un rôle crucial dans le développement psychologique et émotionnel des adolescents.

- Créativité et imagination : l'ennui développe leur capacité à innover.
- Autonomie et résilience : en apprenant à gérer l'ennui, les adolescents développent leur capacité à faire face à la frustration, ce qui les rend plus résilients et capables de surmonter les défis.
- Introspection et connaissance de soi : les périodes d'ennui permettent aux adolescents de mieux se connaître et de découvrir leurs centres d'intérêt et passions, contribuant ainsi à leur développement personnel.

Sécurité des données personnelles et cyberharcèlement

Les adolescents (et les adultes aussi !) ne sont pas toujours conscients des problèmes de confidentialité que peuvent poser les réseaux sociaux. Partager des informations personnelles, des photos et des vidéos sans paramétrages de confidentialité adéquats peut entraîner des vols d'identité, des violations de données et une exposition non désirée en ligne. De plus, la collecte de données par les entreprises de médias sociaux peut mener à l'exploitation et à la manipulation des jeunes (et des moins jeunes) à des fins commerciales.

Si l'on devait passer en revue toutes les conditions générales d'utilisation que l'on rencontre chaque année, cela nous prendrait 76 jours ! Ce qui explique que la grande majorité des utilisateurs les acceptent sans vraiment les examiner. Dans les conditions d'utilisation de la plupart des réseaux sociaux, on autorise le réseau social et ses partenaires à utiliser l'intégralité du contenu que l'on publie en ligne. Même si vous restez propriétaire d'une photo de votre enfant que vous postez sur un réseau, vous accorder le droit d'usage à la plateforme.

Il est donc important de responsabiliser les enfants sur ce qu'ils publient sur les réseaux sociaux.

Un point positif : le niveau de conscience des risques encourus sur les réseaux sociaux progresse chez les jeunes de 11 à 18 ans. Quand on leur demande les pires choses qui peuvent arriver sur les réseaux sociaux, ils répondent[6] :

• « Être ennuyé ou harcelé » (41 %) ;

6. Enquête génération numérique en ligne auprès de 17013 jeunes de septembre 2021 à janvier 2022.

- «Se faire voler ses données personnelles» (32 %);
- «Avoir des photos ou des vidéos publiées à leur insu» (27 %).

Vous voulez quelques conseils pratiques pour aider les adolescents à naviguer sur les réseaux sociaux de manière plus sûre et responsable?

Paramétrez la confidentialité des comptes

Encouragez les adolescents à utiliser des mots de passe robustes et à activer la double authentification pour sécuriser leurs comptes.

Paramétrez leurs comptes pour limiter la visibilité des informations personnelles et désactivez le partage de la localisation sur les applications et les sites web. Cela limite le risque que les enfants soient contactés par des inconnus et victimes de comportements inappropriés.

Éduquez sur les dangers en ligne

Informez les jeunes sur les risques de cyberharcèlement, de vol d'identité, et de contenus inappropriés. Vous pouvez utiliser le Cyber Guide Famille pour réviser vos connaissances en cybersécurité sur cybermalveillance.gouv.fr.

Petite pause cyberharcèlement

Le cyberharcèlement, c'est quoi?

Sur le site education.gouv.fr, il est défini comme «un acte agressif, intentionnel perpétré par un individu ou un groupe d'individus au moyen de formes de communication électroniques, de façon répétée à l'encontre d'une victime qui ne peut facilement se défendre seule». Il se manifeste via les téléphones portables, messageries instantanées, forums, chats, jeux en ligne, courriers électroniques, réseaux sociaux, sites de partage de photographies… C'est à travers les médias sociaux qu'il est le plus fréquent. Dans le monde, un parent sur cinq rapporte que son enfant a déjà été victime de cyberharcèlement.

Il peut prendre des formes variées : insultes, moqueries, menaces, propagation de rumeurs; usurpation d'une identité digitale et piratage de compte en ligne; création d'un groupe, page, discussion à l'encontre d'une personne; publication d'une photo ou d'une vidéo d'une personne en mauvaise posture, sexting (envoi de messages, photos ou vidéos à caractère sexuel via les moyens de communication numérique) non consenti et vengeance pornographique.

Le cyberharcèlement peut conduire à des problèmes psychologiques voire à des suicides.

Voici quelques bonnes pratiques pour prévenir le cyberharcèlement :

- Encadrez l'utilisation des réseaux sociaux : fixez des règles claires sur le temps d'écran et les moments sans écran, comme à table ou avant de dormir.
- Utilisez des outils de contrôle parental pour surveiller et limiter l'accès aux contenus inappropriés.
- Favorisez le dialogue et la communication : maintenez une communication ouverte avec les adolescents sur leurs activités en ligne et les contenus qu'ils rencontrent.
- Encouragez-les à signaler tout comportement suspect ou violent et à discuter de leurs expériences en ligne.

- Promouvoir un usage équilibré et responsable : incitez les jeunes à équilibrer leur temps en ligne avec d'autres activités hors ligne.
- Sensibilisez-les à l'importance de protéger leur vie privée et de respecter celle des autres. Par exemple, éviter de diffuser des informations personnelles ou sensibles qui pourraient être utilisées pour lui nuire.

Selon l'enquête Génération numérique 2022, 19 % des jeunes entre 11 et 18 ans ont déjà rencontré un problème sur internet. Presque la moitié des problèmes sont rencontrés avec un inconnu. Plus d'un tiers des 11 à 14 ans et un peu plus de la moitié des 15 à 18 ans communiquent avec un inconnu ou l'acceptent en ami sur les réseaux sociaux.

Parmi les jeunes de 11 à 18 ans :

- 58 % se sont disputés avec une ou plusieurs personnes sur internet;
- 48 % ont subi des insultes par une ou plusieurs personnes sur internet;
- 25 % ont subi des moqueries sur internet.

Les dangers pour la vie sociale

L'isolement social

Un usage problématique des réseaux sociaux peut conduire l'adolescent à s'isoler. Ce dernier peut se sentir incapable de faire face aux défis de la vie, aux difficultés vécues hors ligne, ce qui l'amène à passer encore plus de temps sur les réseaux sociaux.

Une vision déformée du monde réel

C'est ce que j'appelle la bulle d'illusion communautaire.

En créant des communautés en ligne basées sur des intérêts, des opinions ou des caractéristiques similaires, les réseaux sociaux enferment parfois leurs utilisateurs dans une bulle d'illusion communautaire. Bien que ces communautés procurent un sentiment d'appartenance, elles renforcent leurs croyances et leurs comportements addictifs, les enfermant dans une bulle virtuelle déconnectée des réalités extérieures, de la diversité et de la complexité du monde réel, et développant chez eux une vision déformée du réel.

Rappelez-vous ! La plupart du temps, les algorithmes des réseaux sociaux tendent à nous exposer à du contenu aligné avec nos préférences et nos croyances existantes. Cela crée une bulle de filtres personnalisée. En rejoignant des groupes et communautés en ligne partageant les mêmes centres d'intérêt ou idéologies, nous renforçons cette bulle filtrante. Nos opinions et nos comportements sont validés et renforcés par ces communautés virtuelles.

La culture de la comparaison

Les réseaux sociaux favorisent une culture de la comparaison, où les adolescents se mesurent constamment à leurs pairs. Cette comparaison incessante peut engendrer des sentiments d'inadéquation, de jalousie, de frustration et une faible estime de soi, causés par des standards irréalistes de beauté, de popularité et de succès. S'ensuit une quête incessante de l'approbation et de la validation en ligne pouvant faire naître anxiété et dépression. D'ailleurs, de nombreux jeunes vont jusqu'à supprimer leurs publications sur les réseaux sociaux quand elles n'ont pas obtenu autant de likes qu'ils l'espéraient.

Les dangers pour les performances académiques et professionnelles

La baisse des performances, le retard et le décrochage

À ce jour, aucune étude n'a mis en évidence un lien de causalité formel entre l'exposition régulière des enfants aux écrans et le développement de troubles des apprentissages ou du comportement.

Et d'ailleurs, certains contenus et jeux vidéo auraient même des effets positifs sur le développement des capacités attentionnelles, de la vitesse de traitement des informations et des capacités de raisonnement visuo-spatial chez l'adolescent.

Et l'attention dans tout ça ?

J'ai une mauvaise et une bonne nouvelle. Je commence par la mauvaise.

Un temps d'écran excessif rend la concentration plus difficile. C'est ce que j'appelle le cerveau zappeur. Le cerveau a tendance à être distrait, impulsif, avec une capacité d'attention diminuée.

Êtes-vous concerné ?

Quand vous essayez de regarder un film ou un épisode d'une série, vous ne pouvez pas résister à l'envie de consulter votre téléphone toutes les cinq minutes ? Vous avez tendance à passer rapidement d'une tâche ou d'un sujet à un autre ?

Alors il est fort probable que votre cerveau ait une fâcheuse tendance à zapper.

Les difficultés de concentration sont amplifiées par les notifications. On a du mal à se concentrer sur une seule tâche, nos capacités à réguler nos émotions et nos impulsions sont amoindries, on a plus de difficultés à gérer les contraintes du quotidien.

Vous voulez connaître la bonne nouvelle?

Ce phénomène du cerveau zappeur est réversible.

On sait que des pauses régulières favorisent l'agilité intellectuelle et la consolidation de la mémoire.

Une méthode pour améliorer la concentration

Adoptez la méthode Pomodoro, développée par Francesco Cirillo dans les années 1980. Pour vous concentrer plus longtemps sur une tâche, programmez une alarme pour faire des sessions de 25 minutes appelées «pomodoros», suivies de courtes pauses de 5 minutes. Après quatre pomodoros, prenez une pause plus longue de 15 à 30 minutes.

Le mode multitâche ou *multitasking*

C'est ce que j'appelle le jonglage avec des tâches.

Il est vrai que le jonglage avec des balles ou des massues entraîne des effets positifs sur la santé et sur la neuroplasticité. Mais, le jonglage avec des tâches, c'est une autre affaire.

Pour lutter contre le *multitasking* et améliorer notre concentration, nous pouvons nous inspirer de la *mindfulness*.

Savez-vous comment on tricote une écharpe? Une maille à la fois. De la même manière, en nous concentrant sur une seule tâche à la fois, nous pouvons accomplir nos objectifs avec plus d'efficacité.

Notre cerveau n'est pas programmé pour traiter plusieurs activités en même temps, et il est donc plus productif si nous faisons une chose à la fois. Avec le *multitasking*, favorisé par l'usage des réseaux sociaux, nous devenons plus lents à passer d'une action à une autre et, bombardés par des stimuli, incapables de distinguer les informations pertinentes de celles qui ne le sont pas.

Des chercheurs ont effectué des tests sur le cerveau de personnes qui passent du temps à utiliser différents outils numériques, par exemple en envoyant des messages sur les réseaux sociaux tout en regardant la télévision, et les résultats ont été surprenants.

Les images obtenues par IRM ont montré que le cortex cingulaire antérieur (la région du cerveau responsable de l'empathie et du contrôle cognitif et émotionnel) des personnes pratiquant le *multitasking* a une densité inférieure à celui des autres.

Selon Daniel J. Levitin, neuroscientifique et psychologue américain, quand nous travaillons en mode multitâche, la transition rapide d'une action à une autre implique un effort cognitif considérable et provoque une augmentation de la production de cortisol – hormone qui régule le stress et peut conduire à des attitudes agressives – et d'adrénaline – hormone qui nous maintient en alerte[7].

Le mode *multitasking*, c'est la fatigue garantie au bout de quelques heures et un risque augmenté de dépression et d'anxiété.

Alors, pourquoi continue-t-on à être en mode multitâche? Serions-nous dépendants au *multitasking*?

L'illusion de pouvoir faire plusieurs choses simultanément augmente la production de dopamine, ce qui nous apporte une satisfaction momentanée et nous conduit à rechercher un «*shoot*» supplémentaire grâce à une nouvelle série de tâches à exécuter en même temps!

---

7. *The Organized Mind: Thinking Straight in the in the Age of Information Overload*, 2014.

Chapitre 11

La méthode pas-à-pas pour accompagner votre adolescent

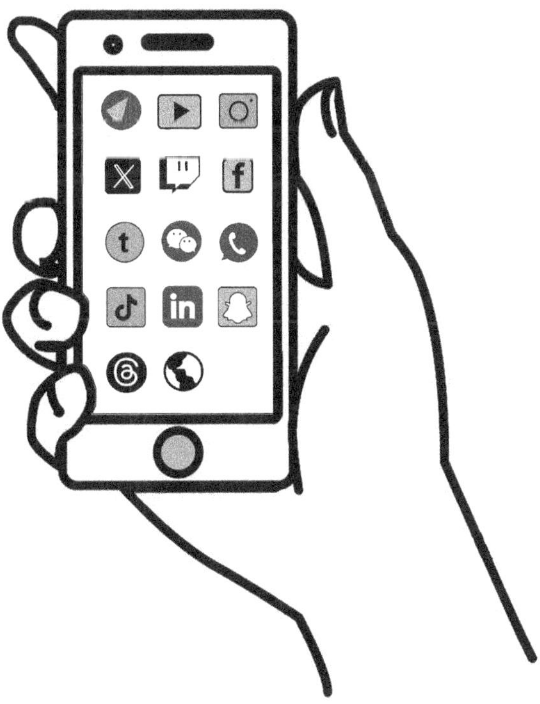

Il est naturel de s'inquiéter de l'utilisation des réseaux sociaux par votre adolescent. Dans les consultations, bien souvent, je constate que l'usage des réseaux sociaux par les jeunes ne relève pas d'une addiction véritable. Il s'agit plus d'un usage intensif que pathologique. Dans cette situation, l'objectif est de « dépathologiser » un comportement et de prévenir l'apparition d'une conduite addictive. L'approche consiste alors principalement à rassurer les parents et à les aider à établir un cadre approprié. Ce processus implique un travail collaboratif avec la famille et le jeune concerné. Il est crucial d'amener les parents à reconnaître certains aspects positifs des activités numériques de leur enfant. En adoptant cette perspective plus équilibrée, on peut renforcer la collaboration parent-enfant et favoriser une utilisation saine des technologies numériques.

Pour cela, j'ai conçu la **méthode H.E.A.R.T. communication**©.

Chaque lettre correspond à une étape : H pour habitude, E pour énergie, A pour Attention, R pour responsabilité et T pour transmission.

Avant de vous présenter cette méthode, je vais répondre à quelques questions que se posent de nombreux parents.

Faut-il parler systématiquement des réseaux sociaux avec mon enfant ?

Oui, il faut en parler.

La communication ouverte et éclairée sur les enjeux du numérique est primordiale dans l'éducation des jeunes. Les parents, en tant que figures de confiance et de proximité, sont des interlocuteurs privilégiés pour initier et maintenir ce dialogue.

L'approche parentale devrait privilégier un ton équilibré et factuel, évitant l'alarmisme ou la moralisation excessive. Il est crucial de faire comprendre aux jeunes que ces échanges visent leur bien-être et leur sécurité, et non à restreindre leur liberté ou leur épanouissement.

En adoptant cette posture bienveillante et informative, les parents peuvent efficacement sensibiliser leurs enfants aux potentiels risques des réseaux sociaux, tout en reconnaissant les opportunités qu'ils offrent. Cette démarche vise la protection et l'accompagnement plutôt que l'interdiction ou le jugement.

Quand faut-il aborder le sujet des réseaux sociaux, mais aussi des drogues ?

Il est bénéfique d'initier ces conversations au plus tôt, au minimum avant l'entrée au collège pour la consommation des drogues, car c'est à ce stade que les messages préventifs sont les plus efficaces.

Vous pouvez profiter des opportunités offertes par les médias, l'actualité ou le visionnage d'un film pour aborder ces sujets de manière naturelle. Il est judicieux de faire des parallèles avec des expériences quotidiennes, comme la consommation de sucre, pour illustrer comment certaines substances, bien qu'agréables au début, peuvent devenir problématiques si consommées en excès.

La transition vers le collège marque une période cruciale où ces discussions prennent une importance accrue. C'est à ce moment que les adolescents commencent à être exposés à diverses substances comme le tabac, l'alcool, et parfois le cannabis. Il est alors essentiel de les guider dans leurs décisions, en favorisant un dialogue ouvert et serein.

Une attention particulière doit être portée aux signes précurseurs de comportements à risque. Chez les jeunes filles, la vulnérabilité aux écrans est particulièrement prononcée entre 11 et 13 ans, d'où l'importance d'aborder le sujet le plus tôt possible.

Une approche proactive permet de préparer les jeunes à faire face aux défis qu'ils pourraient rencontrer, tout en maintenant un dialogue ouvert et constructif.

Comment parler des comportements à risque ?

L'entrée au collège marque une période charnière où il devient crucial d'aborder de manière approfondie et nuancée la question des comportements à risque. C'est le moment opportun pour fournir aux adolescents des informations précises et pertinentes, tout en les sensibilisant aux subtilités de leur environnement social.

Il est essentiel d'attirer l'attention des jeunes sur ces faux réconforts, ces comportements comme l'usage des réseaux sociaux ou la prise de drogues, qui peuvent initialement offrir un sentiment de réconfort ou de plaisir, mais risquent ultérieurement de devenir source de difficultés. Ce qui était perçu comme une solution ou un soutien peut finir par exacerber les problèmes existants, créant ainsi un cercle vicieux de complications croissantes.

Vous pouvez donner l'exemple suivant s'il vous parle. Imaginez un sable mouvant qui, de loin, ressemble à une plage dorée et accueillante. Au début, marcher dessus peut sembler amusant et excitant et permet d'oublier ses problèmes. Cependant, plus on s'y enfonce, plus il devient difficile de s'en extraire. Tout comme ces comportements qui peuvent graduellement perturber la vie sociale, émotionnelle et scolaire de l'adolescent.

Revenons maintenant à la méthode H.E.A.R.T communication©.

Première étape : H comme HABITUDES

Pourquoi cette étape est-elle importante ?

Les réseaux sociaux ont un impact significatif sur nos habitudes, notamment en renforçant certains comportements.

Vous vous souvenez ? Les « shoots » de réseaux sociaux modèlent et renforcent les habitudes.

Les réseaux sociaux sont, par nature, des activités sociales. La réception de likes, de tweets, de messages déclenche une réaction positive dans notre cerveau. Pourquoi ? Car ils renforcent notre réputation en ligne. Chaque notification vient activer le système de récompense de notre cerveau, ce qui peut conduire à une dépendance. De plus, l'accès constant aux réseaux sociaux via nos smartphones a favorisé le développement d'habitudes de consultation compulsives et automatiques. On consulte en moyenne son smartphone moins de 30 secondes toutes les 10 minutes. Ces courtes et fréquentes sessions de réseaux sociaux renforcent ces habitudes, créant ainsi un cercle vicieux.

Qu'est-ce qu'une habitude ?

L'habitude survient dans un mécanisme en trois temps :

Signal → Routine → Récompense

Le signal, c'est quand vous recevez une notification sur votre téléphone.

Le signal déclenche l'habitude : aller consulter cette notification sur votre réseau social.

La routine déclenche votre récompense immédiate. Une satisfaction momentanée, un petit shoot d'ego si votre photo a été likée, peut-être une déception si cette notification concernait une actualité et n'avait pas trait à une activité sur vos profils, un soulagement d'avoir vérifié ce qu'il en était…

Cette sensation de récompense immédiate renforce votre comportement et vous motive à répéter l'action d'aller sur le réseau social dès que vous recevez une notification.

Pour reprendre le contrôle sur l'usage des réseaux sociaux, la première étape, c'est **d'aider votre adolescent à prendre conscience des habitudes qui entretiennent l'usage excessif des réseaux sociaux**.

COMMENT FAIRE ?

Et si vous invitiez votre adolescent à identifier les saboteurs qui l'empêchent de changer de comportement ?

Votre adolescent va lister ses auto-saboteurs pour en prendre conscience.

En voici quelques-uns pour l'y aider !

La peur de manquer quelque chose (FOMO)

Les adolescents craignent de manquer des informations ou des interactions importantes.

« Si je me déconnecte, j'ai peur de rater un truc important dans mon groupe. »

Établir des moments dédiés pour vérifier les notifications.

Le besoin de validation sociale et d'approbation par les pairs

Les likes et les commentaires activent le circuit de la récompense dans le cerveau.

« J'ai besoin de voir combien de likes j'ai eus sur ma dernière photo. »

Encourager l'estime de soi basée sur des accomplissements réels.

PETITE PAUSE SELFIE

Oui, la « maladie du selfie » ou selfitis existe et est reconnue comme un trouble mental, une addiction selon les membres de l'Université de Nottingham Trent et de la Thiagarajar School of Management.

L'addiction aux selfies est caractérisée par une obsession, une compulsion à se prendre en photo et à publier ses selfies sur les réseaux sociaux.

Les chercheurs ont identifié trois niveaux de gravité :

- Borderline : prendre des selfies au moins trois fois par jour sans les publier sur les réseaux sociaux.
- Aigu : prendre des selfies au moins trois fois par jour et les publier systématiquement sur les réseaux sociaux.
- Chronique : ressentir un besoin incontrôlable de se prendre en photo à tout moment et publier au moins six selfies par jour sur les réseaux sociaux[8].

En général, les personnes qui ont ce problème souffrent d'un manque de confiance en eux et cherchent à s'intégrer socialement.

Les algorithmes conçus pour maximiser l'engagement

Ces systèmes, basés sur le nombre de likes, de vues mais aussi sur le temps de visionnage, sont conçus pour maintenir

---

8. Balakrishnan, J., Griffiths, M.D. (2018). An Exploratory Study of "Selfitis" and the Development of the Selfitis Behavior Scale. *Int J Ment Health Addiction*, 16, 722-736.

l'attention des utilisateurs le plus longtemps possible sur la plateforme.

«Mon fils passe des heures à scroller sans s'en rendre compte.»

Expliquer le fonctionnement. Proposer des applications de contrôle du temps d'écran.

L'automatisme

Les utilisateurs effectuent des actions répétitives comme le défilement infini ou le rafraîchissement de la page sans y penser.

«Je déverrouille mon téléphone et je vais sur les réseaux sociaux sans parfois même y penser.»

Développer la pleine conscience. Créer des «zones sans téléphone» à la maison, proposer des activités alternatives pour créer de nouvelles routines.

Le manque de conscience du temps passé en ligne

De nombreux adolescents (et adultes!) sous-estiment le temps qu'ils passent sur les réseaux sociaux.

«Ma fille dit qu'elle ne passe que 30 minutes par jour sur les réseaux sociaux, mais c'est bien plus.»

Utiliser les outils de suivi du temps d'écran intégrés aux smartphones.

L'utilisation des réseaux sociaux comme mécanisme d'évitement

Certains adolescents utilisent les réseaux sociaux pour fuir leurs problèmes.

«Quand je me sens stressé, je vais direct sur les réseaux sociaux pour me changer les idées.»

Se poser des questions sur la santé mentale de l'adolescent, penser à proposer des techniques de régulation du stress, faire appel à un professionnel de santé.

La pression sociale et l'obligation d'être constamment connecté

Il est difficile pour un adolescent de réduire son utilisation si tous ses amis restent hyperconnectés.

«Tous mes potes sont H24 sur les réseaux, je peux pas être le seul à pas y être.»

Encourager des activités sociales hors ligne.

L'accessibilité permanente via les smartphones

La facilité d'accès aux réseaux sociaux rend difficile la déconnexion.

«Mon tél est toujours à portée de main, c'est trop tentant.»

Établir des règles familiales, comme pas de téléphone ou pas de wifi dans la chambre, ou après 22h par exemple.

Les effets du «sevrage»

Certains adolescents ressentent une anxiété intense quand ils essaient de stopper l'usage des réseaux sociaux pendant une certaine période.

«Quand j'essaie de pas aller sur les réseaux pendant 24 heures, je me sens super anxieux.»

Réduire progressivement le temps passé en ligne. Faire appel à un professionnel de santé.

Le manque de conscience des impacts négatifs

Certains adolescents ne réalisent pas les effets néfastes sur leur santé mentale.

«Ma fille ne réalise pas à quel point ça affecte son humeur et son sommeil.»

Informer sur les effets des réseaux sociaux sur la santé mentale et physique. Faire un défi solidaire, un test en famille d'arrêt des réseaux sociaux sur une période convenue. Réalisez la météo de vos humeurs, de vos émotions avant, pendant et après le défi solidaire. Profitez de ce test pour initier des activités en famille et pour vous soutenir durant ce défi solidaire. Activez l'intelligence collective du groupe en étant à l'écoute des astuces de chacun pour relever le défi. Soutenez les personnes qui sont en difficulté et valorisez l'essai pour celles qui arrêtent avant la fin.

L'utilisation des réseaux sociaux comme principal moyen de communication

Réduire l'utilisation peut sembler menacer les relations sociales.

«C'est le seul moyen de rester en contact avec mes potes.»

Encourager des formes de communication plus directes. Inviter les amis à la maison. Apprendre à les connaître.

La peur du changement et de sortir de sa zone de «confort»

Le changement implique de l'inconnu, qui peut générer de la peur et être anxiogène.

«Changer mes habitudes, c'est flippant, je sais pas comment faire.»

💡 Accompagner progressivement le changement avec des petits objectifs facilement atteignables.

Le manque de confiance en soi et une faible estime de soi

Si un adolescent ne se sent pas capable de changer, il peut avoir tendance à s'auto-saboter.

«Je me sens nul sans les likes et les commentaires.»

💡 Travailler sur l'estime de soi à travers des activités valorisantes.

Les croyances limitantes et les schémas de pensée négatifs

Ces croyances peuvent inclure l'idée que la popularité en ligne est essentielle.

«Mon fils pense qu'il ne peut pas réussir sans être populaire en ligne.»

💡 Identifier et déconstruire ces croyances à travers des discussions. Ouvrir un dialogue constructif, encourager la réflexion critique et mettre en perspective l'importance relative de la popularité en ligne par rapport à d'autres facteurs de réussite.

«Je comprends que tu penses que la popularité en ligne est importante pour réussir. Si on réfléchissait ensemble à ce qui compte vraiment dans la vie. Quelles sont les qualités et compétences qui font qu'une personne réussit selon toi? Parlons des gens que tu admires dans la vraie vie et de ce qui les rend spéciaux, au-delà de leur présence sur les réseaux sociaux.»

La peur de l'échec

La crainte de ne pas réussir à réduire l'utilisation peut pousser à abandonner.

«J'ai peur de ne pas réussir à réduire mon temps en ligne.»

Valoriser chaque essai. Encourager une approche progressive et valoriser chaque petit succès. Faire appel si nécessaire à un professionnel de santé.

Les bénéfices secondaires liés au maintien du comportement

Les réseaux sociaux peuvent offrir un sentiment de contrôle et de pouvoir que l'adolescent ne ressent pas dans sa vie réelle.

«Sur mon compte, je peux choisir exactement l'image que je veux donner de moi. Dans la vraie vie, je me sens souvent impuissant et jugé.»

Aider l'adolescent à développer son estime de soi et son sentiment d'efficacité personnelle dans le monde réel, à travers des activités valorisantes et des responsabilités adaptées. Par exemple, confier à l'adolescent l'organisation d'une activité familiale ou entre amis, comme une sortie au cinéma ou un pique-nique.

Le perfectionnisme

La recherche de la perfection peut empêcher de prendre des mesures pour changer en paralysant l'action. Un adolescent perfectionniste peut penser qu'il doit changer ses habitudes en stoppant immédiatement l'usage des réseaux sociaux, ce qui peut être décourageant.

«Si je ne peux pas complètement arrêter d'utiliser les réseaux sociaux, autant ne rien changer.»

Encourager une approche par petites étapes et valoriser les efforts plutôt que les résultats.

Par exemple :

- Célébrer de petites victoires, comme réduire le temps passé sur les réseaux sociaux de 5, 10 ou 15 minutes par jour par exemple.
- Encourager l'adolescent à essayer différentes stratégies pour améliorer son utilisation des réseaux sociaux, en acceptant que certaines tentatives puissent échouer.
- Mettre l'accent sur le progrès et l'apprentissage plutôt que sur l'atteinte d'un objectif.

L'idée est de montrer à l'adolescent que chaque petit pas compte et que le changement est un processus.

Le manque de planification et de stratégie concrète

Sans plan d'action clair, il est difficile de savoir par où commencer.

«Mon fils ne sait pas par où commencer pour réduire son temps en ligne.»

Aider à élaborer un plan d'action concret avec des étapes claires.

Certaines émotions désagréables comme la peur ou la culpabilité

Ces émotions «en excès» peuvent paralyser les adolescents et les empêcher de changer.

«J'ai tellement peur de me sentir isolé si je ne suis pas constamment connecté sur les réseaux sociaux.»

Encourager l'expression des émotions dans un cadre sécurisant, travailler sur la régulation des émotions, proposer des techniques de relaxation, faire appel à un professionnel de santé si besoin.

À vous de piocher dans cette liste ou d'y ajouter des choses pour créer votre liste personnalisée !

Dans tous les cas, un accompagnement progressif vers le changement se fait avec des petits objectifs intermédiaires facilement atteignables. C'est ce que j'appelle la Méthode des 4 P. Commencer par faire le Plus Petit Pas Possible.

Comment expliquer le fonctionnement des réseaux sociaux à votre enfant ?

Parlez librement à votre enfant du fonctionnement des réseaux sociaux. Incluez-vous aussi, montrez que vous pourriez ou que vous êtes concerné en utilisant régulièrement le « nous ».

« Imagine que chaque interaction sur les réseaux sociaux est comme une étincelle qui allume un feu. Au début, le feu est petit et facile à contrôler, mais plus tu ajoutes du bois, plus il devient grand et difficile à éteindre. De la même manière, plus nous passons de temps sur les réseaux sociaux, plus il devient difficile de nous en détacher, car ces plateformes sont conçues pour capter et retenir notre attention. »

Vous pouvez aussi comparer les réseaux sociaux à un labyrinthe attrayant. « Chaque fois que tu entres, tu trouves quelque chose de nouveau et d'excitant, ce qui te pousse à explorer davantage. Cependant, plus tu t'enfonces dans le labyrinthe, plus il devient difficile de trouver la sortie. » Ce labyrinthe symbolise la manière dont les réseaux sociaux peuvent nous piéger dans un cycle de consommation continue, rendant difficile la prise de recul nécessaire pour évaluer leur impact sur notre vie quotidienne.

En résumé, les réseaux sociaux renforcent nos habitudes en nous offrant des récompenses immédiates et en rendant leurs plateformes de plus en plus captivantes.

Vous vous souvenez de l'algorithme dont nous avons parlé, celui qui bombarde votre fil d'actualité de chats tout mignons parce que vous venez d'en regarder un ou deux? Ce même algo peut remplir le fil d'actualité de votre adolescent de contenus violents ou déprimants. Pour prévenir votre enfant et éviter qu'il se sente mal si cela lui arrive, il est important de lui expliquer ce fonctionnement et de s'intéresser au contenu de son fil d'actualité. Imaginons que vous soyez en train de discuter de l'adoption d'un chat. C'est l'occasion de faire remarquer : «Tiens en ce moment mon fil d'actu est bombardé de chats depuis que j'ai regardé quelques photos, et toi, ça t'arrive aussi d'avoir des thèmes qui se répètent sur ton fil d'actu?»

Comment évaluer sa relation avec les écrans?

En commençant par prendre conscience de votre temps d'écran, puis, en proposant à votre adolescent de faire de même.

Pour cela, vous pouvez utiliser l'application native de temps d'écran de votre téléphone pour voir combien de temps vous passez dessus et où vous passez le plus de temps.

Connaissez-vous le *Dry* et le *Damp January*?

Le *Dry January* est un défi durant lequel les participants s'abstiennent totalement de consommer de l'alcool pendant le mois de janvier. Le *Damp January* consiste à réduire la consommation d'alcool sans s'en abstenir complètement.

Et si vous réalisiez un défi en famille? Si vous faisiez un *Dry* ou un *Damp* réseaux sociaux en famille?

Condition préalable. Tout le monde joue le jeu en s'engageant dans ce défi. Parents y compris bien sûr!

L'objectif est que chaque membre de la famille fasse le point sur son usage.

Choisissez ensemble une durée. 1, 2, 7 jours par exemple.

Pendant cette période, diminuez les temps d'écran en vous fixant un temps commun autorisé ! Ou passez le moins de temps possible devant des écrans et désignez un gagnant. Ou encore, stoppez tous les réseaux sociaux.

Pendant ce défi, favorisez les moments de partage en famille. Planifiez des activités sans écran pour votre enfant et d'autres à faire en famille. Prenez un instant pour vous ancrer dans le moment présent. Observez votre environnement avec un regard neuf, comme si vous le découvriez pour la première fois. Notez les détails de ce qui vous entoure : la luminosité, les objets, les textures. Si vous êtes chez vous, prêtez attention aux gestes quotidiens, comme la préparation des repas. Soyez attentif aux personnes autour de vous, à leurs expressions faciales et à leur langage corporel. Écoutez activement les conversations, en vous concentrant sur chaque mot. Si vous êtes à l'extérieur, laissez-vous surprendre par les couleurs, les formes et les sons de votre environnement. Engagez tous vos sens dans cette expérience d'observation consciente, en vous efforçant de percevoir chaque détail avec curiosité et sans jugement.

Faites un bilan collectif :

- Temps passé devant la télévision, sur le smartphone, les ordinateurs, les tablettes, les réseaux sociaux, les jeux vidéo.
- Quels types d'activités avez-vous pratiqués en famille ? Détaillez toutes les activités : physiques, sociales, culturelles, ludiques…
- Si vous avez utilisé les écrans, pour quelles fonctions ? Détaillez chaque fonction : études, divertissement, échange avec des amis…
- Avez-vous remarqué des effets positifs ? Sommeil, alimentation concentration, humeur, relation familiale, amicale…

- Y a-t-il quelque chose qui vous a surpris ou que vous n'aviez jamais remarqué auparavant ?

Relevez aussi les difficultés : pensez-vous apporter des modifications à votre usage des réseaux sociaux ? Lesquelles ?

Notez d'éventuelles observations supplémentaires.

Ce type de défis permet de prendre conscience de la place des réseaux sociaux dans sa vie et peut-être d'aller vers un usage plus responsable et raisonné. C'est aussi l'occasion de revoir ses priorités, d'investir ou de réinvestir d'autres ressources dans son environnement et d'autres domaines de la vie. Il est fondamental de créer d'autres habitudes, d'autres routines de plaisir en dehors de l'usage des réseaux sociaux. Cela permet de réinvestir les différentes sphères de vie hors ligne afin de se réapproprier sa liberté et de développer sa capacité à faire des choix à travers d'autres activités et stimulations valorisantes.

Cela permet au cerveau de créer de nouveaux circuits neuronaux afin qu'il associe le plaisir à d'autres activités que les réseaux sociaux.

Et, je ne le redirai jamais assez, saisissez toutes les opportunités pour créer et renforcer les liens familiaux.

Deuxième étape : E pour ÉNERGIE

Avez-vous déjà remarqué que votre respiration change lorsque vous consultez vos emails ou répondez à un SMS ? Ce phénomène, baptisé « apnée des emails » par Linda Stone, est bien plus répandu qu'on ne le pense et pourrait bien aussi concerner les réseaux sociaux.

Qu'est-ce que l'apnée des emails ?

Elle se caractérise par une suspension temporaire ou une modification de la respiration qui devient plus superficielle lorsqu'on consulte ses emails ou utilise un écran. Selon les observations de Linda Stone, environ 80 % des personnes pourraient être concernées. Tout comme avec les emails, les usagers des réseaux sociaux peuvent inconsciemment retenir leur respiration ou respirer de manière superficielle lorsqu'ils sont absorbés par leur fil d'actualité, en train de publier du contenu ou d'interagir avec d'autres utilisateurs. L'utilisation intensive des réseaux sociaux pourrait générer du stress et de l'anxiété, en affectant notre respiration et provoquer des symptômes similaires à ceux de l'apnée des mails.

Pourquoi est-ce problématique ?

Cela peut entraîner des conséquences sur notre santé, dont une augmentation du stress, une baisse de la concentration, des tensions musculaires dans le cou et les épaules…

Comment y remédier ?

La première étape est de reconnaître ce phénomène lorsqu'il se produit :

- Observer régulièrement sa respiration, sans jugement.
- Faire des pauses régulières : éloignez-vous de votre écran toutes les 20 à 30 minutes pour respirer lentement et profondément.
- Utiliser des rappels : configurez des alertes pour vous rappeler de porter attention à votre respiration régulièrement.

L'apnée des emails mais aussi l'apnée des réseaux sociaux, c'est à mon sens un rappel que notre bien-être et donc notre énergie dépend de notre capacité à rester conscients de nos habitudes, même dans nos tâches quotidiennes les plus banales. En prenant soin de notre respiration, nous pouvons améliorer notre santé physique et mentale, rester conscients de la réalité dans notre monde hyperconnecté.

Selon une comptine pour enfants qui remonterait au début des années 1900, les six meilleurs «médecins» du monde sont :

- Le soleil.
- Le repos.
- L'exercice.
- Une alimentation équilibrée.
- L'estime de soi.
- Les amis.

J'y ajouterais un septième médecin. Je viens de vous en parler... La respiration !

Et un huitième : l'hygiène numérique, évidemment !

Autant de médecins qui permettent de prévenir un usage problématique des réseaux sociaux ou d'accompagner un changement dans son rapport avec les réseaux sociaux. Des médecins utiles aussi bien aux adolescents qu'aux adultes.

Il est important de vous accorder du temps pour prendre rendez-vous avec vous-mêmes, prendre soin de vous. C'est indispensable pour être ensuite psychologiquement disponible pour répondre aux besoins de vos enfants.

Commençons par le premier médecin !

Le soleil (en se protégeant la peau et les yeux, bien sûr !)

L'exposition à la nature a des effets bénéfiques démontrés sur la santé mentale des adolescents, notamment en réduisant le stress, l'anxiété et les symptômes dépressifs. Cela peut aider à contrebalancer les effets négatifs potentiels d'un usage excessif des réseaux sociaux.

Le temps passé dans la nature améliore les capacités d'attention et de concentration des adolescents, ce qui peut être particulièrement bénéfique pour ceux qui ont du mal à réguler leur utilisation des réseaux sociaux.

Les activités en plein air favorisent les interactions sociales en face à face et le développement de compétences interpersonnelles, offrant une alternative saine à la socialisation en ligne excessive.

L'exposition à la nature est associée à une meilleure estime de soi et à une image corporelle plus positive chez les adolescents, ce qui peut aider à contrer les effets négatifs des comparaisons sociales sur les réseaux sociaux.

Les expériences en nature peuvent offrir un «répit numérique» et aider les adolescents à développer un meilleur équilibre entre le temps passé en ligne et hors ligne.

Encouragez l'exposition à la nature comme stratégie énergétique face aux défis posés par l'usage des réseaux sociaux!

Le repos

«Tout le malheur des hommes vient d'une seule chose, qui est de ne savoir pas demeurer en repos, dans une chambre», nous dit Blaise Pascal dans ses *Pensées*.

Et si vous aidiez votre adolescent à redécouvrir les bienfaits de l'ennui et du repos, essentiels à son bien-être et à son développement?

Voici quelques conseils pour aider les adolescents à réapprendre à s'ennuyer, à ne pas être dans l'attente constante de stimulation et à profiter du repos :

- Créer des moments sans écran : instaurez des périodes quotidiennes sans appareil électronique, par exemple 1 à 2 heures avant le coucher ou pendant les repas en famille. Cela favorise l'ennui constructif et la déconnexion.

- Encourager les activités non structurées : laissez des moments libres dans l'emploi du temps de votre adolescent pour qu'il puisse développer ses propres centres d'intérêt sans programme défini.
- Valoriser l'ennui : expliquez à votre adolescent les bienfaits de l'ennui pour la créativité et l'introspection. Aidez-le à voir ces moments comme des opportunités plutôt que comme des périodes à combler.
- Proposer des activités calmes : suggérez des passe-temps apaisants comme la lecture, le dessin ou l'écriture dans un journal intime.
- Créer un environnement propice au repos : assurez-vous que la chambre de votre adolescent soit un espace calme, confortable, régulièrement aéré, avec une température optimale entre 18 et 19 degrés, température propice à la relaxation et au sommeil.
- Instaurer une routine de sommeil : encouragez votre adolescent à maintenir des horaires de sommeil réguliers, même le week-end, pour favoriser un repos de qualité.
- Pratiquer la pleine conscience : la dispersion, favorisée par les réseaux sociaux, est parfois une façon de s'égarer volontairement pour ne pas avoir à affronter la solitude, le calme et le temps présent. Initiez votre adolescent à des techniques de méditation ou de respiration pour l'aider à se recentrer et à apprécier le moment présent. Une façon d'accepter les pensées qui surgissent dans les moments d'inactivité.
- Limiter la surcharge d'activités : évitez de surcharger l'emploi du temps de votre adolescent. Laissez-lui du temps pour ne rien faire.
- Montrer l'exemple : en tant que parent, prenez aussi le temps de vous reposer et de vous ennuyer. Votre adolescent apprendra de votre comportement.

Après le repos vient le moment de l'exercice.

L'exercice

Qui dit plus de mouvements dit moins de connexions.

Encourager les activités physiques : l'exercice régulier peut aider à réduire le stress et améliorer la qualité du sommeil.

Et si vous «pausiez» vos écrans en famille pour bouger ensemble?

Comment les inviter à bouger?

Montrez l'exemple! Soyez actif et prenez plaisir aux activités que vous pratiquez. L'occasion d'inviter votre enfant à participer à une activité avec vous. Il arrive que les adolescents délaissent certaines activités pratiquées durant l'enfance. Intéressez-vous aux activités que votre enfant pratique, encouragez-le! Soyez son plus grand supporter!

Et établissez des temps réguliers pour des activités en famille.

Quelques idées?

- Randonnée : explorez les sentiers locaux pour profiter de la nature et faire de l'exercice.
- Sports collectifs : jouez au football, basketball ou volleyball ensemble.
- Cyclisme : faites des balades à vélo pour découvrir les environs.
- Parcours acrobatiques en hauteur : participez à des parcours acrobatiques pour une aventure en plein air.
- Geocoaching : engagez-vous dans une chasse au trésor moderne avec des GPS.
- Jeux de plein air : jouez au frisbee, au badminton ou au croquet dans un parc.
- Sports nautiques : essayez le kayak, le paddle ou la natation pour une activité rafraîchissante.
- Course d'orientation : organisez une course d'orientation (avec une carte, une destination et des points d'étape) pour stimuler le corps et l'esprit.

À vous de compléter la liste au gré de vos envies!

Une alimentation équilibrée

Et si vous «pausiez» vos écrans en famille durant les repas?

Voici quelques conseils pour célébrer les repas en famille sans téléphone :

- Établir des règles claires : décidez ensemble que les repas sont des moments sans écran pour tous les membres de la famille, y compris les parents.
- Créer ensemble une «station de reconnexion». Soyez créatifs et prenez-y du plaisir! Construisez cette station comme vous le souhaitez, en mettant en commun vos idées et vos talents pour concevoir un espace unique qui reflète votre vision collective. Vous pourrez ensuite y garer temporairement les appareils électroniques pour se reconnecter en face à face avec les personnes présentes et profiter pleinement du moment partagé en famille.
- Favoriser les conversations : utilisez le temps du repas pour discuter de la journée de chacun, poser des questions et partager des histoires.
- Planifier des activités après le repas : proposez des jeux de société ou des promenades après le repas pour prolonger le temps passé ensemble sans écran.
- Donner l'exemple : respectez les règles sur l'utilisation des écrans pendant les repas. Même s'ils ne vont pas forcément le verbaliser, les adolescents observent vos comportements et habitudes et s'en inspirent.

Et en plus, il est prouvé qu'adopter ces stratégies encourage de meilleures habitudes alimentaires. Les recherches indiquent que les adolescents qui partagent régulièrement des repas en famille ont une moindre propension à la dépression, aux consommations de drogues mais aussi une meilleure estime de soi!

Alors bonne dégustation!

L'estime de soi

Comment nourrir l'estime de soi chez vos adolescents?

- Encourager les passions : incitez les adolescents à s'engager dans des activités qu'ils aiment et où ils peuvent s'épanouir, ce qui renforce leur confiance en eux et leur donne un sentiment d'accomplissement.
- Promouvoir des interactions sociales réelles : organisez des activités en famille mais aussi avec des amis en personne pour renforcer les liens sociaux et réduire la dépendance aux interactions virtuelles.
- Modéliser un usage équilibré des réseaux sociaux : montrez l'exemple en limitant votre propre temps d'écran et en valorisant les moments de déconnexion, ce qui aide les adolescents à adopter des habitudes similaires.

Après avoir boosté leur estime de soi, passons à un autre médecin essentiel pour leur épanouissement, le monde des amitiés IRL (*In Real Life*) !

Les amis

- Encourager les activités communes : proposez des activités basées sur des intérêts partagés, comme le sport, les clubs ou les projets artistiques, pour favoriser les interactions positives et renforcer les amitiés.
- Valoriser les qualités positives : soulignez les comportements positifs que vous observez chez leurs amis et discutez des qualités qui font une bonne amitié, comme l'honnêteté, le respect et le soutien mutuel.
- Modéliser des relations saines : montrez l'exemple en entretenant des amitiés positives et en discutant ouvertement de l'importance de la confiance, de la communication et du respect dans les relations.

L'hygiène numérique

C'est l'ensemble des bonnes pratiques et comportements à adopter pour utiliser les technologies numériques de manière sécurisée et responsable, en protégeant ses données personnelles et en minimisant les risques pour soi et les autres. C'est un élément incontournable pour réduire les sources de stress comme l'anxiété de performance et l'anxiété de visibilité sur les réseaux sociaux, et pour maintenir son énergie.

En tant que parent, grand-parent, proche d'un adolescent, orienter l'attention de l'adolescent vers des activités positives peut significativement influencer leur bien-être et leur relation avec les réseaux sociaux.

Eh oui, parce que là où nous portons notre attention va notre énergie !

Ce qui nous amène à la troisième étape !

Troisième étape : A pour ATTENTION

Les réseaux sociaux, un aimant à attention !

Les plateformes cherchent à capter l'attention des enfants, des adolescents et des adultes. Pourquoi ? Pour que nous restions le plus longtemps possible sur le réseau. Pourquoi ? Parce que plus on y passe de temps à liker, interagir, visionner, plus l'algorithme apprend à nous connaître. Et plus il apprend à nous connaître, plus il extrait de données sur nous et plus la publicité et les services que la plateforme propose nous parlerons et seront efficaces.

Avec la multiplication des chaînes de télévision puis l'augmentation exponentielle des contenus numériques, notre circuit de la récompense est sans cesse stimulé, à la recherche de nouveautés. On a la sensation de ne jamais être là où il faudrait, de toujours rater quelque chose. Difficile alors de faire des choix, par exemple celui d'un film parmi les milliers proposés, et difficile de se concentrer dessus. D'ailleurs, la durée de notre capacité d'attention semble avoir baissé au cours des années selon plusieurs études.

Les hyperconnexions, les hypersollicitations des notifications incessantes, les rythmes de vie qui s'accélèrent, toute cette sollicitation nous conduit à produire de la dopamine, laquelle à son tour crée un effet de récompense. Nous sommes à la recherche de nos «shoots» de dopamine, dépendants de ce rythme effréné. Nous «checkons» sans cesse nos smartphones pour vérifier si des notifications y apparaissent.

D'ailleurs, cette accélération du rythme transparaît dans la culture.

Je vous invite à regarder un film des années 1950 ou 1960, puis à le comparer à un film actuel. Avez-vous remarqué qu'aujourd'hui, la durée des plans a raccourci? Et concernant les livres, avez-vous remarqué que la longueur moyenne des chapitres a diminué? Et la longueur moyenne d'une chanson? Elle diminue aussi au fil des années. Certaines plateformes proposent même maintenant la lecture en accéléré des séries et films. Encore une occasion de stimuler notre fameux circuit de la récompense. Au milieu de tout cela, où passe le temps nécessaire pour se poser des questions sur le sens d'un film et plus généralement sur le sens de sa vie?

Dans ce contexte, cultiver notre capacité d'attention devient vital pour pouvoir à nouveau se concentrer sur ce qui est important et prendre conscience des distractions numériques.

Vous voulez une bonne nouvelle?

La capacité à se concentrer n'est pas immuable et peut être rééduquée et améliorée avec de la pratique et des stratégies appropriées. Et cela à tout âge!

Choisir consciemment où porter son attention, porter attention à l'instant présent, c'est retrouver le pouvoir de valoriser les aspects de notre vie qui font sens pour nous. C'est rendre des tâches complexes beaucoup plus simples. C'est retrouver des espaces de sérénité, sa clarté mentale et une auto-régulation de ses émotions.

Qu'est-ce qui entrave la pleine conscience?

La multi-activité humaine entraîne une dispersion de la concentration et de l'énergie, ce qui est néfaste pour le bien-être des adolescents et des adultes. Une étude menée à l'Université de Harvard a montré qu'on est plus heureux quand l'esprit est concentré sur ce qu'il fait. Cela signifie que notre niveau de bonheur est lié à la capacité d'être présent dans nos actions.

La pleine conscience, c'est la pratique qui consiste à faire attention à ce qui nous aide à vivre consciemment le présent. Ici et maintenant. Faire de nouveau attention à toutes ces activités quotidiennes que nous effectuons en enclenchant le pilote automatique : manger, marcher, prendre une douche, s'occuper des tâches ménagères... La pleine conscience consiste à désactiver le pilote automatique en se rappelant durant notre journée de faire attention à ce qui se passe à chaque instant. Prêter attention à la sensation de l'eau qui coule sur le corps sous la douche. Observer les couleurs et respirer les arômes émanant des aliments dans votre assiette.

Naturellement, la pleine conscience rencontre beaucoup d'obstacles :

- L'hyperconnexion : en mode hyperconnexion, on ne vit pas pleinement le moment présent. Partout où nous sommes, c'est comme si nous n'étions pas là. Nous pensons à ce que nous allons préparer pour le repas quand nous jardinons, et quand nous préparons effectivement le repas, nous pensons à ce qui se passe sur notre fil d'actualité…

- Des rythmes de vie de plus en plus frénétiques.
- Le mode multitâche.

Notre cerveau n'est tout simplement pas programmé pour traiter plusieurs activités en même temps, et il est donc plus productif si nous faisons une chose à la fois.

Comment intéresser les adolescents à la pleine conscience ?

- Leur expliquer les bénéfices concrets de la pleine conscience : montrez comment la pleine conscience peut les aider dans leur vie quotidienne, en ciblant leur intérêt du moment. Par exemple, pour mieux gérer le stress des examens ou améliorer leurs performances sportives ou encore réguler leurs émotions ou mieux dormir.
- Pratiquer en famille : intégrez de façon ludique des moments de pleine conscience dans la routine familiale, comme des exercices de respiration avant le dîner.
- Lier la pleine conscience à leurs centres d'intérêt : associez la pleine conscience à des activités qu'ils apprécient déjà, comme écouter de la musique de façon *mindful* ou pratiquer un sport en pleine conscience.

Comment pratiquer l'écoute d'une musique en pleine conscience ?

- Choisir un morceau de musique et s'installer confortablement dans un endroit calme.

- Se concentrer entièrement sur la musique, en prêtant attention à chaque son, instrument et mélodie.
- Observer les sensations physiques que la musique provoque dans le corps, sans les juger.
- Remarquer les pensées et émotions qui surgissent, ne pas les juger puis ramener doucement l'attention sur la musique.
- Écouter le morceau avec curiosité, comme si c'était la première fois, même s'il est familier.

Comment pratiquer un sport en pleine conscience ?

- Porter une attention particulière aux mouvements du corps pendant l'activité.
- Se concentrer sur la respiration et les sensations physiques ressenties.
- Rester dans le moment présent, sans penser au résultat ou à la performance.
- Observer les pensées qui surviennent sans s'y attacher, en ramenant l'attention sur l'activité.
- Être attentif à l'environnement (sons, odeurs, textures) pendant la pratique sportive.

D'autres astuces pour intéresser les adolescents à la pleine conscience

- Donner l'exemple : pratiquez vous-même la pleine conscience et partagez avec votre adolescent vos expériences positives tout comme vos difficultés, en sollicitant sa créativité.
- Proposer des activités courtes : commencez par des exercices brefs de 1-2 minute pour ne pas les décourager.

- Respecter leur autonomie : laissez-les choisir quand et comment ils veulent pratiquer, sans forcer.
- Utiliser des métaphores : employez des images parlantes pour expliquer les concepts, comme comparer les pensées à des nuages qui passent. « Observe tes pensées comme des nuages qui passent dans le ciel, sans t'y accrocher. »
- Valoriser leurs efforts : encouragez-les et félicitez-les pour leur pratique, même si elle est irrégulière.

Exercices pour pratiquer la pleine conscience avec votre adolescent

- Respiration et moment présent : « Concentrons-nous sur notre respiration pendant une minute. Observons comment l'air entre et sort de notre corps. »
- Pleine conscience du corps : « Ferme les yeux et porte ton attention sur chaque partie de ton corps, des orteils jusqu'à la tête. » C'est ce qu'on appelle le scan corporel.
- Gestion des moments désagréables :
  - « Quand tu vis un moment difficile, essaie d'observer tes sensations sans les juger. »
  - Noter dans un carnet les sensations physiques ressenties lors d'une émotion désagréable.
- Régulation du stress : « Quand tu te sens stressé, stoppe tout, fais une pause, respire profondément. »
- Communication consciente :
  - « Avant de répondre, prenons le temps d'écouter vraiment ce que l'autre dit. »
  - Pratiquer l'écoute active en binôme, en reformulant ce que l'autre a dit avant de répondre.

- Conscience du comportement :
  - «Avant d'agir, prends parfois un moment pour réfléchir aux conséquences de tes actions.»
  - Créer un «bouton pause» imaginaire à activer avant de réagir.
- Identification des valeurs :
  - «Réfléchis à ce qui est vraiment important pour toi dans la vie.»
  - Créer une liste des cinq valeurs les plus importantes et réfléchir à la manière de les mettre en pratique au quotidien.

Règles d'hygiène numérique pour développer la capacité d'attention des adolescents

Dire stop à tout outil numérique pendant les devoirs et les révisions paraît compliqué. Pour rester dans l'optique de réguler plutôt qu'interdire, proposez par exemple une pause de 5 minutes toutes les 30 minutes, durant laquelle il peut utiliser un outil numérique. Alarme activée pour déconnecter des réseaux au bout de 5 minutes!

Il est aussi possible de désactiver certaines notifications visuelles ou sonores. En téléchargeant des applications dédiées, vous pouvez regrouper vos notifications pour qu'elles n'apparaissent qu'à des moments spécifiques de la journée, évitant ainsi les interruptions constantes.

Une autre astuce peut être de créer une playlist à écouter en mode avion. Vous pouvez aussi désactiver le mode couleur pour rendre le smartphone de votre adolescent moins susceptible de retenir son attention. Cherchez des solutions avec votre enfant.

Vous pouvez aussi désactiver les badges, ces fameux petits cercles rouges dans le coin supérieur droit de l'icône de l'application qui incitent au clic en indiquant qu'il y a du nouveau contenu à consommer.

PETITE PAUSE TECHNO

Connaissez-vous la technoférence?

C'est quand la technologie interfère dans votre relation avec vos enfants. L'usage des smartphones par certains parents peut diminuer l'attention qu'ils accordent à leurs enfants. C'est ce que Brandon Mc Daniel, chercheur en psychologie familiale appelle la technoférence. Ces moments durant lesquels la technologie (smartphones, tablettes...) interfère avec les interactions en face à face, créant des microcoupures relationnelles qui peuvent affecter la qualité des relations familiales, conjugales, ou encore amicales et professionnelles.

En pratique, la technoférence s'immisce dans notre quotidien de différentes manières insidieuses :

- Vérifier son téléphone pendant une conversation avec son adolescent, interrompant ainsi l'échange.
- Répondre à des messages ou des e-mails lors d'un repas familial, au lieu d'être pleinement présent.
- Utiliser son smartphone pendant que l'adolescent raconte sa journée, donnant l'impression de ne pas écouter attentivement.
- Être distrait par des notifications pendant une activité commune, comme regarder un film ensemble.
- Passer du temps sur les réseaux sociaux plutôt que d'interagir directement avec l'adolescent présent dans la même pièce.
- Prendre des photos d'un moment collectif (ou le filmer) pour les publier immédiatement, au lieu de profiter pleinement de l'instant présent.
- Répondre à un appel non urgent pendant une discussion avec son adolescent.
- Consulter régulièrement son téléphone lors d'événements importants de l'adolescent, comme des compétitions sportives ou des représentations théâtrales.

La technoférence n'est pas seulement un problème de quantité de temps passé sur les écrans, mais surtout de qualité d'attention. Même de brèves interruptions peuvent perturber significativement les interactions parent-enfant. Il est donc crucial en tant que parent de prendre conscience de vos propres habitudes numériques et de créer des moments dédiés à votre enfant, sans écran, pour renforcer le lien familial et modéliser un usage équilibré des technologies.

Et pour cela, la méditation de pleine conscience nous réapprend en quelque sorte à porter attention, à faire attention, à ralentir.

Slow food, slow life, et si vous passiez à la slow tech ?

Le Slow Food, mouvement international fondé en 1986 par Carlo Petrini en Italie, en réaction à l'émergence du mode de consommation de type restauration rapide, prône une approche de l'alimentation basée sur trois principes fondamentaux : bon, propre et juste. Il encourage à prendre le temps d'apprécier la nourriture et à être conscient de sa provenance.

Plus généralement, la *slow life* prône un rythme de vie plus lent, en opposition à la frénésie du monde moderne. Elle invite à se recentrer sur l'essentiel, à être plus présent dans l'instant et à privilégier la qualité plutôt que la quantité dans nos activités quotidiennes.

Si votre adolescent est sensible eu respect de l'environnement, l'approche *slow tech* ou techno lente qui permet de réduire son empreinte environnementale pourrait lui parler et être un levier pour réguler son usage des réseaux sociaux.

Je vous propose deux conseils pratiques pour débuter.

1. **Apprendre aux adolescents à pratiquer la pleine conscience lors de l'utilisation des technologies**

- Encouragez-les à faire des pauses régulières :
  - Suggérez-leur de prendre une pause de 5 minutes toutes les 30 minutes d'utilisation.
  - Pendant ces pauses, proposez-leur de s'étirer, de respirer profondément ou de faire quelques pas.
- Apprenez-leur à être attentifs à leurs émotions :
  - Demandez-leur de noter comment ils se sentent avant, pendant et après l'utilisation des écrans.
  - Encouragez-les à identifier les applications ou activités en ligne qui provoquent chez eux stress, anxiété ou frustration.
- Pratiquez la technique du «*check-in*» :
  - Avant d'utiliser un appareil, invitez-les à prendre 30 secondes pour respirer et se demander pourquoi ils veulent l'utiliser.
  - Après l'utilisation, proposez-leur de se demander si cet usage a répondu à leur besoin initial.
- Créez des rituels conscients :
  - Proposez-leur de prendre trois respirations profondes avant de déverrouiller leur téléphone.
  - Suggérez-leur de fermer les yeux et de ressentir leurs sensations physiques après avoir fermé une application.
- Encouragez l'utilisation mono-tâche :
  - Invitez-les à se concentrer sur une seule activité en ligne à la fois, plutôt que de jongler entre plusieurs applications.
  - Proposez-leur de désactiver les notifications pendant les périodes de concentration.

2. **Trier en famille votre contenu numérique**

Non, il ne s'agit pas de trier son linge sale en famille mais de consacrer par exemple une heure par mois à organiser, à faire le tri parmi vos contenus numériques. De quoi activer la bonne humeur et la solidarité !

Loin des yeux, loin du clic !

Identifiez ensemble les applications qui vous font perdre du temps inutilement et rendez-les moins accessibles en les plaçant dans un dossier d'un écran secondaire.

Définissez ensemble des critères de tri, comme l'utilité, la valeur sentimentale ou la fréquence d'utilisation. Impliquez chaque membre de la famille dans le processus. Profitez-en pour échanger sur vos souvenirs numériques et redécouvrir des photos ou vidéos oubliées. C'est aussi l'occasion d'enseigner aux plus jeunes l'importance d'une bonne gestion des données personnelles. N'oubliez pas de créer un système de classement simple et intuitif que toute la famille pourra facilement maintenir à l'avenir.

Cette activité peut également être l'occasion de discuter de vos habitudes numériques, de supprimer d'éventuels comptes de réseaux sociaux de votre téléphone pour un usage plus intentionnel à partir d'un ordinateur, de supprimer totalement certains comptes nuisant à votre bien-être, de se désinscrire de newsletters jamais consultées, et de réfléchir ensemble à un usage plus conscient et équilibré des technologies, tout en faisant du bien à la planète.

Et pour franchir ce cap, cela demande aussi « d'activer sa responsabilité », et de franchir la quatrième étape.

Quatrième étape : R pour RESPONSABILITÉ

Doit-on interdire les réseaux sociaux ? Une interdiction serait-elle plus efficace qu'une prévention ?

Je ne pense pas.

La prohibition n'est pas une réponse. Tout comme la prohibition de l'alcool aux États-Unis dans les années 1920 n'a pas empêché la consommation d'alcool et a d'ailleurs engendré de nombreuses conséquences néfastes inattendues.

Attelons-nous à construire une politique de prévention qui s'adresse au citoyen, à l'individu, à la famille, à l'école, à l'entreprise. Sans interdiction, sans injonction, une prévention bien menée peut faire la différence. Je ne suis pas partisane des interdits.

Et avec les adolescents, en général, l'interdit ne fonctionne pas. Il tend au contraire à susciter l'envie et à provoquer la transgression.

Faut-il informer les adolescents des dangers des réseaux sociaux ?

Oui, c'est une étape importante, mais souvent insuffisante. En effet, les adolescents ont tendance à se percevoir comme invulnérables. Cette perception erronée peut les amener à minimiser les risques réels associés à l'utilisation excessive ou inappropriée des réseaux sociaux, malgré les avertissements qu'ils reçoivent.

C'est pourquoi la responsabilisation passe par une approche plus globale, impliquant l'éducation, le dialogue ouvert et l'accompagnement parental.

D'ailleurs, instaurer un usage raisonnable des réseaux sociaux ne passe pas forcément par un arrêt total de leur utilisation, mais par le renforcement des liens avec votre adolescent.

Dans une démarche de responsabilisation, partez du point de vue de votre enfant :

- « Est-ce qu'il y a des moments où tu as l'impression que tu passes trop de temps sur les réseaux sociaux ? Est-ce que ça impacte parfois ta journée d'école, tes sorties avec tes amis, ton énergie ? »
- « As-tu déjà réfléchi au temps que tu passes sur les réseaux sociaux chaque jour et à ce que tu pourrais faire d'autre à la place ? Est-ce que tu te sens parfois prisonnier des réseaux, comme si tu perdais ta liberté de choisir comment passer ton temps ? »

Ayez une démarche authentique, portez une attention sincère à votre adolescent, car ce dernier doit ressentir votre intérêt pour s'ouvrir à vous.

Posez des questions sur ses interactions en ligne, tout comme vous le feriez pour ses activités sportives ou artistiques :

- À quel réseau social tu te connectes le plus souvent ?
- Qu'as-tu partagé aujourd'hui ?
- Quels sont les sujets ou les comptes qui t'intéressent le plus ?

Intéressez-vous aux histoires qu'il suit, aux personnes qu'il admire, aux types de contenu qu'il aime partager. Demandez-lui :

- Qu'est-ce qui t'a fait rire ou t'a rendu heureux aujourd'hui en ligne ?
- Y a-t-il quelque chose qui t'a contrarié ou rendu triste ?

Accompagnez-le dans l'identification de ses émotions, en lui posant des questions sur ce qu'il ressent lorsqu'il interagit sur les réseaux sociaux :

- Comment te sens-tu quand tu reçois beaucoup de likes ou de commentaires ?

- Qu'est-ce qui te stresse le plus quand tu es en ligne?

Intéressez-vous à ses amis en ligne, tout comme vous le feriez pour ses amis du monde «physique» :

- Avec qui échanges-tu le plus souvent sur les réseaux sociaux?
- Quels sont les amis avec qui tu partages le plus de choses en ligne?

Le risque est inhérent à tout processus d'apprentissage. D'ailleurs, en parlant de risque, la Société canadienne de pédiatrie a récemment publié de nouvelles directives encourageant le «jeu risqué» chez les enfants, reconnaissant ses nombreux avantages pour leur développement. Ces recommandations soulignent l'importance des activités comme grimper aux arbres, faire du vélo à grande vitesse, ou explorer l'environnement avec une supervision limitée. Selon ces pédiatres, les bénéfices du jeu risqué pour la santé physique, mentale et sociale des enfants surpassent largement les risques de blessures mineures, contribuant à prévenir des problèmes tels que l'obésité, l'anxiété et les troubles du comportement. De même, l'usage des réseaux sociaux nous invite à repenser notre rapport au risque et à la gestion des incertitudes, afin de construire un environnement dans lequel sécurité et opportunités de développement peuvent vivre en bonne harmonie.

Garantir sa sécurité

- Encadrement : soyez attentif à l'utilisation des réseaux sociaux par votre enfant, en s'assurant qu'il respecte les limites d'âge et les règles de sécurité.
- Éducation et dialogue : Informez-le sur les dangers potentiels des réseaux sociaux, comme le cyberharcèlement et la protection des données personnelles. Maintenir un dialogue ouvert permet aux enfants de se sentir à l'aise pour discuter de leurs expériences en ligne.

- Exemplarité : montrez l'exemple en adoptant des habitudes numériques saines. Limiter votre propre utilisation des réseaux sociaux et privilégier les interactions en face à face peut encourager votre adolescent à faire de même.

Comment responsabiliser votre adolescent ?

- Autonomie et réflexion : encouragez-le à réfléchir de manière critique à son utilisation des réseaux sociaux. Il peut apprendre à évaluer les impacts de son comportement en ligne sur son bien-être et ses relations sociales.
- Gestion du temps : enseigner aux adolescents à gérer leur temps d'écran de manière autonome est essentiel. Ils peuvent utiliser des applications de gestion du temps pour surveiller et limiter leur utilisation des réseaux sociaux.
- Connaissance des risques : les adolescents doivent être informés des risques liés aux réseaux sociaux, comme la cyberintimidation et la diffusion de fausses informations. Comprendre ces dangers peut les inciter à adopter des comportements plus responsables en ligne.

En combinant ces approches, vous pouvez travailler ensemble pour développer une utilisation plus saine et équilibrée des réseaux sociaux.

Interdiction et restriction

Si vous décidez tout de même d'interdire les réseaux sociaux ou une application en particulier à votre enfant, prenez le temps de lui expliquer les raisons de cette interdiction.

Vous pouvez aussi décider de restreindre son accès aux réseaux sociaux. Cela peut se faire de différentes façons.

1. **Autorisez un usage du réseau social limité dans le temps**

La plupart des smartphones disposent de fonctionnalités de contrôle parental intégrées dans le système d'exploitation (iOS, Android). Ces outils permettent de restreindre l'accès à certains contenus, applications ou fonctionnalités ou de limiter le temps d'écran. Vous pouvez consulter sur habilomedias.ca la fiche conseil sur l'utilisation des contrôles parentaux.

Il existe aussi de nombreuses applications de contrôle parental qui peuvent être installées pour filtrer les contenus, limiter le temps d'écran et surveiller l'activité.

Certains opérateurs de téléphonie proposent aussi des options de contrôle parental gratuites dans leurs forfaits.

2. **Limiter l'usage à certains lieux**

Définissez des règles au sujet des lieux où les appareils peuvent être utilisés dans la maison. Par exemple, interdire l'utilisation dans la chambre ou sortir le portable de la chambre pour la nuit. Ces méthodes doivent être adaptées en fonction de l'âge de l'enfant, de la dynamique familiale et des objectifs éducatifs des parents.

Les sanctions

Jonathan, 48 ans, parent de Agnès, 15 ans, m'a confié : «Je n'en pouvais plus, sans réfléchir, j'ai confisqué brutalement son smartphone et l'ai privé de tél pour une semaine.»

Voici ce qu'Agnès m'a confié au sujet de cette punition parentale : «J'ai ressenti une grande injustice, comme si on m'enlevait une partie de ma vie.»

L'engagement du moi virtuel dans des communautés virtuelles est un investissement émotionnel authentique. Parfois se jouent aussi des éléments autour de l'angoisse de séparation. La nomophobie peut aussi être présente, cette peur excessive d'être séparé de son téléphone portable. Et n'oubliez pas : vos enfants ne considèrent pas forcément les réseaux sociaux ou leurs smartphones comme nocifs. Difficile dans cas d'accepter une punition ou une règle sans explication.

Il est important de prévenir l'adolescent d'une éventuelle punition (plutôt que de l'appliquer brutalement) et de prendre en compte la dimension existentielle que le smartphone revêt pour lui.

N'oubliez pas non plus de préparer l'après : comment moi, en tant que parent, vais-je me comporter avec mon smartphone ? Avec l'usage des réseaux sociaux ?

Personnellement, je pense que confisquer un téléphone n'est pas la solution et peut conduire à un conflit plutôt qu'à une communication ouverte.

Plutôt qu'une coupure totale non préparée, mieux vaut aller vers un usage raisonné. S'accorder ensemble sur des règles.

Cela ne veut pas dire qu'on renonce à ses responsabilités parentales ! Jamais ! Mais plutôt qu'on aide les enfants à développer un esprit critique.

Et quand je parle de responsabilité, je ne parle pas de culpabilité.

J'entends souvent de la culpabilité dans le discours des parents : « J'aurais dû mieux faire dans l'éducation de mes enfants. » Je réponds alors : « Vous avez fait de votre mieux avec les moyens que vous possédiez à ce moment-là. »

Une parenthèse optimiste !

Rien n'est joué jusqu'à la fin de la partie…

Avez-vous déjà entendu parlé de la « plasticité cérébrale ? » Eh bien, la bonne nouvelle, c'est qu'elle est notre alliée pour la vie.

Je vous en ai parlé, la maturation cérébrale se poursuit jusqu'à 25 ans au moins. Mais aussi, de nouveaux neurones se créent quand on est adultes ! Et tout apprentissage modifie la structure du cerveau ! Et cela, à tout âge !

Par exemple, si vous décidez de jouer d'un instrument de musique, vos aires sensorimotrices, responsables des mouvements précis nécessaires pour jouer de l'instrument, ainsi que votre cortex auditif, qui traite les sons produits, vont s'épaissir et former de nouvelles connexions neuronales.

Grâce à la plasticité cérébrale, on peut apprendre de ses expériences toute sa vie durant !

Interdire ou pas. Quelles que soient vos décisions, soyez en accord avec elles et expliquez vos choix à vos enfants.

Pour développer son sens des responsabilités en développant son esprit critique, le sujet des *fake news* peut être une bonne opportunité.

Les *fake news*

Les réseaux sociaux et plus largement internet sont devenus la norme pour s'informer pour de nombreux jeunes. Or cette source d'informations peut mener à la… désinformation.

Pourquoi ?

À cause du biais de confirmation des croyances.

C'est la tendance de l'être humain à rechercher les informations à sa portée qui confirment son mode de pensée, plutôt qu'à se remettre en question et à envisager que son point de vue n'est peut-être pas le plus juste. Et là, les fameux algorithmes qui mettent en avant les contenus qui correspondent à ce qu'on apprécie ne nous aident pas à lutter contre ce biais et à remettre en cause nos préjugés. Bien au contraire, ces algos nourrissent ce biais de confirmation des croyances.

Selon l'étude de l'IFOP (Institut français d'opinion publique) pour la fondation Reboot et la fondation Jean-Jaurès de 2022, parmi plus de 2000 Français, âgées de 11 à 24 ans, près d'un tiers ont confiance dans ce qu'ils peuvent lire ou voir sur les réseaux sociaux, en particulier les personnes qui adhèrent à des contre-vérités. Ces contre-vérités peuvent être pseudo-scientifiques («Il est possible que la Terre soit plate», «On peut avorter sans risque avec des produits à base de plantes»), politiques ou encore environnementales. Ce sont les utilisateurs pluriquotidiens des réseaux sociaux de *microblogging* qui sont les plus susceptibles d'être exposés à de fausses informations. Le microblogging, c'est la diffusion de messages courts sur des plateformes de réseaux sociaux ou via SMS et e-mails. Cette forme de communication utilise souvent des mots clés (hashtags) pour regrouper les conversations autour de sujets spécifiques. L'objectif est de permettre un partage d'informations instantané et ciblé entre les utilisateurs.

Ainsi, l'usage de réseaux sociaux véhiculant des *fake news* semble être une des explications de l'adhésion à des croyances irrationnelles ou à des idées non scientifiques.

Comment développer son esprit critique face aux *fake news*?

Offrir aux enfants les clés du raisonnement critique est le meilleur moyen de lutter contre la désinformation et les contre-vérités pseudo-scientifiques propagées sur les réseaux sociaux.

La pensée critique est la capacité à analyser de manière rigoureuse les contenus et les sources d'information disponibles, afin de porter des jugements plus éclairés, de raisonner de manière plus efficace et de prendre des décisions plus judicieuses. Développer sa capacité à examiner diverses perspectives, les comparer et les analyser de manière critique permet de construire progressivement un avis personnel éclairé et étayé par des éléments factuels. Cette démarche implique de s'ouvrir à différents points de vue, de les comparer les uns aux autres, et d'en évaluer la pertinence et la validité avant de se forger sa propre opinion. Ainsi, plutôt que d'adopter une position sans réflexion préalable, il s'agit de nourrir son jugement par une confrontation méthodique des arguments et des preuves disponibles, afin d'aboutir à une conclusion personnelle solidement fondée.

Posez des questions à votre adolescent : «De quelles sources toi et tes amis obtenez-vous généralement vos informations, notamment en ce qui concerne l'actualité? Ces sources vous semblent-elles dignes de confiance? Comment pouvez-vous en être sûrs?»

Saviez-vous que les fausses nouvelles se propagent six fois plus vite que les vraies? Pour lutter contre les *fake news*, il faut aussi prévenir leur propagation. Vous pouvez rendre votre adolescent acteur dans ce processus en lui apprenant à faire une «pause salutaire». Il s'agit de prendre du recul et d'analyser une information avant d'envisager de la diffuser sur les réseaux sociaux.

Votre adolescent doit s'accorder un moment de réflexion pour vérifier la fiabilité de la source et examiner ses motivations personnelles avant de partager quoi que ce soit.

Faire une simple pause permet d'interrompre notre réaction émotionnelle immédiate. Et cela nous donne l'opportunité de nous poser des questions essentielles :

- Qui est à l'origine de cette information?
- Quelle en est la source exacte?
- Quand a-t-elle été publiée?
- Et surtout, quelles sont nos raisons pour vouloir la partager?

Invitez votre adolescent à adopter en famille ces bonnes pratiques :

- Essayer de ne rien partager après avoir seulement lu un titre. Si le titre suscite une forte réaction émotionnelle, c'est qu'il a probablement été conçu pour le faire !
- Lire un article (ou regarder une vidéo complètement) avant de les partager !
- Rechercher des informations contradictoires et des voix discordantes avec l'information sur laquelle on vient de tomber et qui a attiré notre attention. Rechercher sur internet d'autres sources. L'information a-t-elle été vérifiée par plusieurs sources crédibles ?
- Opter pour d'autres façons de partager : avant de partager virtuellement un contenu, le partager oralement avec un membre de sa famille ou un ami. Vous pouvez commencer par vous engager vous-même dans ce défi et solliciter votre adolescent en tant qu'oreille attentive.

Cinquième étape : T pour TRANSMISSION

Aborder le sujet des réseaux sociaux avec votre enfant, c'est essentiel.

Je vous conseille d'adopter une communication ouverte. C'est ce que je fais au quotidien dans mes consultations.

Commencez par écouter le point de vue de votre adolescent

Surtout, ne critiquez pas, ne jugez pas : « tu perds ton temps », « ça sert à rien », « qu'est-ce que tu peux bien aimer dans ces réseaux sociaux ? », « combien d'heures as-tu encore passées aujourd'hui connecté sur les réseaux sociaux ? ».

Montrez que vous validez ce que votre enfant vit quand il utilise les réseaux sociaux.

Encouragez-le à s'exprimer en lui posant des questions ouvertes, c'est-à-dire des questions auxquelles on ne peut répondre par «oui» ou «non». Elles encouragent des réponses plus détaillées et réfléchies, permettant à l'adolescent d'exprimer ses pensées et ses sentiments de manière plus approfondie. Ces questions commencent souvent par «comment», «pourquoi», «que» ou «quoi», et invitent à une discussion plus riche et plus nuancée sur le sujet des réseaux sociaux. Par exemple : «Que ressens-tu après avoir passé du temps sur les réseaux sociaux?» ou «Comment gères-tu le temps que tu passes en ligne par rapport à tes autres activités?».

Abordez les effets positifs perçus par votre enfant pour montrer que vous vous intéressez à ce qu'il fait et que vous n'opposez pas le monde en ligne et le monde hors ligne : «Quels aspects des réseaux sociaux apprécies-tu le plus et pourquoi?» ou «Quelles expériences positives as-tu faites récemment sur les réseaux sociaux?»

Vous pouvez même lui faire découvrir des côtés positifs du numérique!

Abordez aussi les moins bons côtés : «Quels défis ou difficultés as-tu rencontrés en utilisant les réseaux sociaux?»

Posez-lui aussi des questions qui l'amènent à réfléchir à l'impact des réseaux sur ses relations :

- «Comment penses-tu que les réseaux sociaux influencent ta vie quotidienne?»
- «De quelle manière les réseaux sociaux affectent-ils tes relations avec tes amis dans la vie quotidienne?»
- «Connais-tu certains risques liés à l'utilisation des réseaux sociaux?»

La transmission, ce sont des mots mais aussi des actes.

Partagez des moments, des activités sur les réseaux sociaux ou avec les écrans ensemble. Visionnez des vidéos ensemble. Parlez-en ! Renforcez le lien, montrez l'affection que vous lui portez.

Évitez de poser des interdits. Posez des limites sans diaboliser les réseaux sociaux !

Et si vos consignes ne sont pas respectées ?

« Mon adolescent ne respecte les règles établies. Il va sur les réseaux sociaux pendant les repas ! »

Je pense que le mieux, c'est d'éviter de se prendre la tête avec des pourquoi : « Pourquoi mon enfant ne respecte pas la consigne ? »

Posez-vous plutôt la question : qu'est-ce que je peux faire pour aider mon enfant à respecter la consigne ?

- Établissez ensemble les règles du jeu ! Convenez de règles familiales d'utilisation des écrans.
- Évitez d'être perçu comme moralisateur ou d'être dans un rapport de confrontation avec votre adolescent ! Évitez les commentaires négatifs qui vont dégrader la situation. (Oui, je sais, c'est facile à dire.)

PETITE PAUSE ÉMOTION

Je pense à une patiente qui m'a dit récemment : « Je ne montre jamais à ma fille quand je suis triste. »

Vous avez le droit d'être triste, d'être en colère. Ce que j'ai de plus important à partager avec vous dans ce livre, ce qui me tient le plus à cœur tient en une phrase : exprimez, verbalisez régulièrement vos émotions véritables à vos enfants. C'est le plus beau cadeau que vous puissiez leur faire. Car à leur tour, ils se sentiront libres d'exprimer les leurs.

Cela peut aussi arriver d'établir une règle ou d'infliger une punition puis de le regretter.

«Je voudrais te parler de ce qui s'est passé tout à l'heure, quand le verre est tombé. J'ai réagi de façon excessive et je m'en excuse. Ma réaction n'avait rien à voir avec toi ou avec cet incident. En réalité, je suis très stressé en ce moment à cause d'un dossier complexe au travail, et je me sens épuisé par mes longues journées. Quand le verre est tombé, toute cette tension accumulée a explosé d'un coup. Je regrette sincèrement de m'être emporté contre toi. Tu n'y étais pour rien. À l'avenir, je vais essayer de mieux gérer mon stress pour éviter que ça se reproduise. Est-ce que tu voudrais qu'on en parle un peu plus?»

Dans ces situations, vous montrez à votre adolescent ce qu'est l'intelligence émotionnelle. C'est à mon sens la plus belle des transmissions. Et c'est une ressource qui l'aidera à éviter des addictions ou à réguler des usages problématiques.

Reprenons. Et si vous établissiez ensemble les règles du jeu? Un super moyen d'ouvrir le dialogue! Et de donner un sens aux règles qui seront établies ensemble!

Le numérique, finalement, c'est comme toutes les habitudes de vie à la maison. Il y a des règles, et il faut les définir ensemble pour vivre en harmonie.

Pour définir des règles, créez une boussole numérique familiale. Votre carte de route digitale qui définit un ensemble de règles et de bonnes pratiques que toute la famille s'engage à suivre pour une utilisation équilibrée et saine des technologies. Prenez bien sûr en compte votre réalité et préparez-vous! Les règles en général créent des frustrations. Cependant, établies ensemble, expliquées, justifiées, elles auront du sens pour tout le monde!

Vous vous sentez débordé ?

Vous n'êtes pas seul. Faites appel à un professionnel : médecin, infirmier scolaire, psychologue ou éducateur d'une consultation jeunes consommateurs (CJC) ! N'hésitez pas à le consulter seul si votre adolescent n'est pas prêt à vous accompagner. Un médecin généraliste, un pédiatre peut vous accompagner dans votre parcours de parentalité. Il peut aussi orienter votre adolescent vers une consultation spécialisée dans les addictions si nécessaire.

Si le professionnel de santé dépiste des problèmes de santé mentale chez votre adolescent, difficultés qui peuvent contribuer à l'usage problématique des réseaux sociaux, il pourra lui proposer un accompagnement spécialisé. Vous pouvez aussi proposer à votre adolescent de contacter le Fil Santé Jeunes, service anonyme et gratuit qui répond à distance aux questions de santé physique, mentale et sociale que se posent les jeunes de 12 à 25 ans. La ligne d'écoute – 0 800 235 236 –, est accessible 7 jours sur 7. Un site internet propose de l'information, un forum, un chat individuel avec un professionnel, une orientation vers des structures d'aide : lieux d'accueil et d'écoute, maisons des adolescents et structures associatives.

« Mes amis ont le droit, pourquoi pas moi ? »

Dans cette situation, soyez à l'écoute et accueillez la déception, les émotions de votre enfant. Le mieux est que vous n'entriez pas dans le jeu de la comparaison. Ce sont vos valeurs, comme par exemple le partage de moments en famille, et votre situation à un moment donné qui vous ont amené à faire le choix réfléchi d'établir certaines règles numériques dans votre foyer.

Abordez le sujet des écrans de façon informelle à chaque occasion. Vous pouvez par exemple lui parler de personnes autour de lui qui ont un problème avec les écrans, les réseaux sociaux ou le tabac par exemple. Profitez de ce moment pour lui parler du piège des addictions.

Au fil de vos conversations, tentez d'adopter un discours ouvert, objectif, positif et sans jugement. Puis pensez à échanger sur le sujet avec d'autres parents afin de partager avec eux vos défis, mais aussi vos astuces.

PETITE PAUSE INFLUENCEUR

De nombreux jeunes voient en la popularité d'un influenceur, star des réseaux sociaux, un gage de fiabilité. Ils peuvent avoir tendance à croire qu'un créateur de contenus, un influenceur avec un nombre important d'abonnés a tendance à être une source fiable. C'est ce qu'on appelle l'effet de notoriété. L'influenceur est érigé en position de sachant parce que la parole d'un individu est moins remise en cause ou questionnée quand elle est suivie par de très nombreux utilisateurs du réseau social. Les adolescents écoutent les influenceurs, «absorbent» leurs contenus et souvent imitent leurs choix. Cela peut avoir un impact sur leur comportement et leur décision en matière d'achat.

Certains influenceurs commencent d'ailleurs à dénoncer cette course à la visibilité et à lutter contre la dépendance à l'algorithme. Certains d'entre eux choisissent de définir leurs propres règles, s'éloignant des codes traditionnels visant à maximiser le taux de clic. Ils se concentrent sur le fait d'être reconnaissables par leur audience, qui les identifie facilement lorsqu'ils apparaissent dans leur fil d'actualité. Le lien qu'ils tissent avec leur communauté privilégie la qualité sur la quantité.

De bonnes habitudes récompensées

Au lieu de se focaliser sur les comportements problématiques liés à l'usage excessif des réseaux sociaux, il est plus efficace de mettre l'accent sur les habitudes positives qu'on souhaite développer. L'idée est d'enseigner explicitement ces comportements bénéfiques, de les faire pratiquer régulièrement et de les valoriser quand ils se manifestent.

Par exemple, vous pouvez encourager et récompenser des actions comme :

- Faire ses devoirs sans distraction.
- Utiliser les réseaux sociaux de manière réfléchie et limitée.
- Pratiquer des activités hors ligne enrichissantes.

En renforçant ces comportements positifs, vous augmentez naturellement leur fréquence. Progressivement, ils remplacent les habitudes moins souhaitables. Une fois bien ancrés, ces nouveaux comportements deviennent automatiques et nécessitent moins de renforcement externe. Les récompenses n'ont pas besoin d'être matérielles ou coûteuses. De simples marques d'attention, des encouragements sincères ou de petits privilèges peuvent être très efficaces. L'objectif est de valoriser les efforts et les progrès comportementaux, plutôt que les résultats scolaires en eux-mêmes.

Cette approche positive permet de créer un environnement plus favorable à l'apprentissage et au développement personnel, tout en réduisant les conflits liés à l'utilisation des technologies.

Conclusion

Nous voilà arrivés au terme de notre voyage.

En lisant cet ouvrage, vous avez décortiqué les mécanismes qui rendent les réseaux sociaux si captivants, et avez découvert comment ils peuvent être une source d'opportunités et de défis pour les adolescents tout comme pour les adultes.

Avec la méthode H.E.A.R.T. communication©, vous êtes prêt à engager une discussion ouverte sur l'usage des réseaux sociaux. Vous pouvez non seulement renforcer les liens avec votre adolescent, mais aussi l'aider à naviguer dans l'univers digital de manière éclairée, consciente et responsable afin de préserver le bien-être mental, émotionnel et social de toute la famille.

Pour prolonger ce voyage et découvrir mon actualité, mes coups de cœur, mes combats et les dates de mes prochaines conférences, retrouvez-moi sur :

- Instagram : @juliette_hazart
- LinkedIn : https://fr.linkedin.com/in/juliette-hazart-507baa60

Oui, vous avez bien lu. Je vous invite à vous connecter sur les réseaux sociaux. Ce qui fait l'addiction, ce ne sont pas les réseaux sociaux en eux-mêmes mais l'usage que l'on en fait ! Et quel meilleur média que les réseaux sociaux pour parler d'usage responsable de ces plateformes.

N'hésitez pas à y interagir, à partager vos expériences et à me poser vos questions. Ensemble, repensons nos vies sociales à l'ère numérique. Façonnons un avenir où l'usage des réseaux sociaux enrichit nos vies plutôt qu'il les contrôle. Cultivons une utilisation consciente et équilibrée des réseaux sociaux afin d'aider les adolescents à développer une relation saine et positive avec ces technologies.

Remerciements

À mes parents Daniel et Martine qui n'ont jamais cessé de croire en moi et de veiller sur moi.

À mes grand-mères Simone et Pélagie pour leur amour inconditionnel.

À ma famille aimante, Lucie, Sophie, Stéphane, Thérèse, Monique, Michel et Sylvette.

À ma grand-tante Anna, à mes grands-pères Alphonse et Henri, à Tiennot qui veillent sur nous là où ils sont.

À Laure, ma guide qui m'aide à grandir dans cette vie.

À mon amie d'enfance, Élodie.

À l'amie qui me manque, Monique.

À mon ami fidèle, Bertrand.

Je dédie ce livre à Madame Michèle Rodde, ma maîtresse de CP. Vous m'avez inculqué le goût de l'effort et la rigueur bienveillante. Ce jour où je ne voulais plus aller à l'école, vous m'avez pris la main avec une douce fermeté et m'avez conduite jusqu'à la salle de classe. Depuis, je n'ai jamais cessé d'explorer de nouveaux domaines de connaissance.

Merci à vous toutes et tous qui tenez ce livre entre vos mains.

Table des matières